KB073811

네오위버멘쉬를 위하여

네오위버멘쉬를 위하여

ⓒ 조석중, 2024

초판 1쇄 발행 2024년 6월 20일

지은이   조석중
펴낸이   이기봉
편집   좋은땅 편집팀
펴낸곳   도서출판 좋은땅
주소   서울특별시 마포구 양화로12길 26 지월드빌딩 (서교동 395-7)
전화   02)374-8616~7
팩스   02)374-8614
이메일   gworldbook@naver.com
홈페이지   www.g-world.co.kr

ISBN   979-11-388-3295-3 (03190)

"무의식적 따라감에서 의식적 벗어남으로"

네오위버멘쉬를 위하여

조석중 지음

나는 스스로 보고 듣는가

좋은땅

들어가며

오늘날 우리의 살아감은 급속한 변화 속에 놓여 있다. 아울러 이러한 시대적 상황은 수많은 정보의 홍수 및 자본주의의 맥락과 같이한다. 또한 종교적 분쟁으로 인한 국가 간 살생과 파괴는 일상이 된 지 오래다. 게다가 인류를 위한다는 명목하에, 전 지구적 개발과 파괴가 이뤄지고 있다. 이러한 현상은 역설적으로 인간을 소외시키는 원인이 되었다. 당면(當面)한 상황에서, 이 시대를 살아가는 우리와 미래 세대의 희망은 무엇일까? 그 희망을 위해 우리는 어떠한 삶을 살아야 할까? 여기서 이 시대의 거대 담론에 의한 대중적 살아감에 익숙해진, 우리들의 삶을 되짚어 봐야 할 때다. 또 이 와중에, 나의 살아감에 의문을 인식할 때이기도 하다. 그러한 인식 아래 시대의 문제를 진단하는 것이 중요하다. 비본래적-현실 소비주의-삶에서 본래적-미래의 나를 스스로 이끄는-삶으로 변환하는 자세가 요구된다. 따져 보면 현시점에서 각자의 무의식적 살아감의 실체가 있을 것이다. 우리는 이를 인식하고 의식적 벗어남으로 길을 탐색해야 한다. 나아가 삶의 의미를 묻기에 앞서 인간존재의 본질인 '자기 삶의 책임'을 말해야 한다.

　이러한 맥락으로, 나는 자기의 사상(思想)을 필연적(必然的) 감성으로 표현하는 것은 비겁함이라 생각한다. 그래서 나의 생각을 그대로 표출하는 '우연적(偶然的)감성'에 충실하였다. 따라서 될 수 있으면 가공력(加工力)의 발휘를 자제하였다. 좀 더 생각을 넓혀 보면 살아가는 방식이 자기만의 고유한 영역에서 발휘돼야 한다는 의미다. 이는 곧 나의 사상이 타자에게 모순(矛盾)으로 다가설 수 있다. 말하자면 거칠다는 뜻이다. 그러나 각자의 고유한 사상은 살아 내야 하고 견뎌야할 사명이 존재한다. 내가 산다는 것! 어떠한 방식이 유리한지는 각자의 몫이다. 살면서 순간순간 닥쳐오는 예상치 못한 우연에 잘 대처하는 삶은 무엇일까? 혹시 자신이 느끼는 감정의 순수한 표현은 아닐까. 그러면서 우리는 다가옴을 염려하며 살아감의 책임 안에 존재한다. 실제로 우리가 세상을 느낀다는 사실은 고통과 쾌락의 연속이다. 우리는 그러한 삶을 느끼고 살아야 하는 운명 앞에 놓여 있다. 그동안 수천 년에 걸친 세월 동안 수많은 철학은 말해 왔다. 삶의 질문에 대한 궁극의 답을 희망하면서 말이다. 이는 인간이 했던 행위 중에 가장 현명하고도 바보 같은 행위였다. 다만 인간은 진리라는 명제를 위해 전진할 뿐이었다. 그러나 진리라는 허구는 잡히지 않는 허상으로 나타날 뿐이다. 이렇게 우리가 추구하는 진리에 다가섬이란, 있는 것과 없는 것의 중간임을 알아채야 한다. 다시 말하면 진리란 보이는 것과 보이지 않는 무엇이다. 즉 있음과 없음의 공존을 말한다. 이렇게 진리라는 명제는 모호함을 내포한다. 그리고 진리는 우리에게 질문을 던지고 한 발 앞서간다.

우리는 과거로도 현재로도 미래로도 시간을 잡아 두지 못한다. 단지 과거의 알 수 없는 시작과 미래의 끝도 없는 중심에 있을 뿐이다. 그래서 우리가 살아감에 있어 어느 한 지점을 붙잡고 의미를 단정 짓기에는 무리가 따른다. 다가오는 삶에 대해 '무엇이 삶인지' 답할 수 없다는 말이다. 아울러 이러한 무궁한 흐름 속에 인간을 정의 내리기는 더더욱 쉽지 않다. 게다가 철학이라는 진지함을 인간에게 적용하여 인간을 단순화하는 것도 무리다. 그렇다면 우리의 살아감은 어떻게 표현하는 것이 가장 이상적일까? 우둔한 생각이지만, 인간의 살아감은 '우울하지 않게 유쾌하게' 살아야 한다. 설령 어떠한 비참한 운명이 가로막더라도 말이다. 그래서 우리는 유쾌하게 사는 방법을 항상 염려해야 한다. 그것만이 우리의 살아감의 책임이 아닐까. 그래서 개념화되지 않을 모호한 우리의 존재에 대해 조금 더 다가서야 한다. 설명되지 않을 꿈일지라도 우리는 유쾌한 꿈을 꾸어야 하는 책임이 있다.

따져 보면 삶의 표현은 큰 이상(理想)을 품어 보는 열정을 내포한다. 그 이상과 함께 작은 실천으로부터 살아감의 책임을 수행하기 때문이다. 그래서 살아감은 내 자신의 이상의 그릇을 키워 가면서 채워진다. 이는 여기 있음에 머물지 않겠다는 다짐으로 나타난다. 아울러 스스로에게 가능성이 많아지도록 살아감에 대한 나의 열정을 열어 놓음에 있다. 지금을 바라보는 당신의 질문은 무엇인가? 세상에 던져진 삶은 어떻게 표현돼야 할까? 그러한 질문을 당신이 하고 있는 중이라면 당신은 무의식적 따라감을 알아챈 경우이다. 나의 의지가 나의 살아가는 풍경이라는 단순함이다. 바라건대 당신의 여기 있음의 질문을 포기하지 않는 그런 삶으로의 변화를 응원한다. 그다음 의식적 벗어남의 가능성을 열어 놓은 살아감으로 나아가길 바란다. 이제 우리 앞에 펼쳐질 파노라마에 맞설 준비를 할 때다. 또 나에게 주어진 책임이 무엇인지 알았다면 삶의 의미는 '내가 어떻게 나를 표현하는가?'에 달려 있다. 이제는 나를 무참히 던진 이 세계에서 스스로 '나를 찾아 나섬을 실천하는' 전사(戰士)가 되는 길이 남아 있다.

*****

우리가 살면서 한 번쯤 살펴야 할 일이 있다. 지금 살아가는 이유를 질문하는 자세다. 이로써 무의식적 따라감으로부터 의식적 벗어남을 고찰(考察)해야 한다. 우리는 현시대의 거대 담론에 억눌려 자기관찰의 의지가 약화되었다. 아울러 자신을 드러내지 않으려 한다. 이와 더불어 다가옴에 대한 위기감도 약화되는 분위기다. 이 같은 현상은 시대가 낳은 정신적 소홀함의 결과이다. 그로부터 우리는 정신적·육체적 안정감에 익숙해졌다. 그에 더해 우리는 그러한 안정감을 애써 갈망하지 않는가? 게다가 지나간 우리의 사고력은 엄격한 학습에 의해 길들여져 있다. 이로 인해 우리의 생각하기의 수고로움은 게으름을 피우는 중이다. 따라서 자기 정체성이 대중 속 일반적 담론에 매몰되는 지경에 이르렀다. 실제로 우리는 집단이나 대중(大衆)의 여론에 휩쓸려 살고 있지 않는가? 예를 들면, 각종 미디어나 수많은 여론 형성에 따른 단순한 정신적 소비 형태가 이를 말해 주고 있다. 세속적(世俗的)기준-부의 축적, 명예 등-을 신봉하면서 말이다. 그에 대한 저항 본능은 약화된 지 오래다. 이렇게 각자의 자연스런 본능이 거세되어 무리 속에 일부로 기생하는 중이다. 그럼에도 불구하고, 우리는 현실 속 자기 내면과 씨름하고 있다. 이어서 자기 변화에 대한 염려와 두려움을 안고 산다. 안타깝게도 우리는 대중 속-세속적 분위기-안락함으로부터 소외될까 봐, 전전긍긍(戰戰兢兢)하기도 한다. 여기에 있는 우리의 모습은 어떤가? 자기 사랑이 약화되어 자기의 욕망을 거세시키지는 않는가? 또 자기표현의 평가를 두려워하는 버릇이 생겼다. 거칠게 표현하면 내 자신이 현실을 살면서 무의식적 따라감의 이득을 보자는 심사(心思)이다. 따져 보면 무의식적 따라감이 의식적 벗어남보다 이득이 높다는 결론이다. 이렇게 모든 살아감의 과정으로부터 현실에서 벗어나지 못하는 이유가 있다. 그것은 스스로의 한계를 서둘러 단정 짓는 결과로부터 나온다. 이는 타인으로부터 사랑받기 위한-덕을 보려는-전략적 행동으로 이어진다. 더 나아가 이성적 사고의 우월함을 신봉한다. 그러면서 본능적 광기를 스스로 자제한다. 이윽고 자기 안에 도사리는 저항 본능을 '나쁨'이라고 간주해 버린다. 결국 행복이라는 기준을 '자기 평화'로 설정하기에 이른다. 이러한 환경의 무의식적 따라감에 대한 고찰에 동의한다면 우리가 이대로 살아야 되는지 되물어야 하지 않겠는가?

이제부터 우리는 스스로 성찰(省察)하기를 시도해야한다. 이는 다가옴에 대한 '기대와 염려'를 기반으로 가능성을 열어 놓는 작업이다. 이러한 가능성은 내 자신을 알고자 하는 열망으로 표현된다. 열망하는 의지의 발휘는 자신을 넘어서는 행위다. 그리고 스스로 주인이 되겠다는 자신을 향한 다짐이다. 욕심을 부리자면 우리의 시선을 '채워지지 않는 자기불만(不滿)'으로 옮겨야 한다. 채워지지 않는 불만은 자기로 향한 불만이다. 말하자면 '나는 나로 살고 있는 걸까?'를 질문해 보는 자세이다. 이로써 나에게 채찍을 가하는 용기를 발휘할 수 있다. 그러한 용기는 소중한 나의 살아감에 대한 책임 의지의 발동이다. 이어서 다가옴에 대한 기대와 올바름의 추진으로 이어진다. 이와 더불어 '자기 자신의 서사를 무엇으로 채워야 하는가?'를 질문하게 될 것이다. 어느 순간, 우리에게 살아감에 대한 의구심이 들 때가 다가온다. 그때 맹목적 따라감을 의심할 수 있다. 궁극적으로 나를 잃어버린 삶이 주는 허무함으로부터 내 자신을 데려와야 한다. 이러한 인식 아래 살아감을 관찰할 수 있는 능력을 발휘한다. 비로소 자신을 찾아 헤매는 하이에나를 발견할 때다. 이렇게 나는 '이대로 살아도 되는가?'에 대해, 내 자신을 들여다본다. 그리고 스스로 의식적 벗어남의 시도를 감행할 것이다.

역설적으로 우리는 대중 속에서 소외되는 맛을 가끔 보게 된다. 이를 극복하기 위해 어떻게 해야 할까? 앞서 언급했듯, 각종 미디어나 여론으로부터 반동적 시각으로 해석하려는 의지가 필요하다. 또 유일한 자기 사상을 만들어 표현해야 한다. 이는 다가옴에 대한 긍정적 도전과 함께할 것이다. 이러한 상상력의 발휘는 나의 서사적 이야기를 남기겠다는 결의다. 즉 욕망을 일깨우고 고독-홀로 건강하게 잘 지내는-을 두려워하지 않을 용기를 갖자는 의미다. 인간은 자연을 그리워하는 본능이 있다. 자연으로부터 홀로 느껴 보는 성취감은 독립적 사고에 따른다. 더불어 스스로를 되돌아오게 한다. 그러한 독립된 의지와 사유는 의식적 벗어남의 정점(頂點)으로 이를 것이다. 여기에 최선의 길을 꿈꾸는 것은 의심할 수 있는 반항 정신이다. 또한 나의 과오(過誤)를 알아채는 능력도 포함된다. 이로부터 의식적 벗어남의 실체는 '나의 고유한 삶의 정당성'으로 말할 수 있다. 또한 살아감 자체를 그럼에도 불구하고 실천하는 자세다. 이러한 의식적 벗어남을 시도할 때, 개별적 삶의 방향은 서서히 좋음과 올바름으로 향한다. 더 나아가 살아감에서 일어나는 부조리에 대한 견디는 자세도 빛을 보게 된다.

우리가 살아가는 현실 속에 정치·사회 문제는 철학적 문제와 같다. 하지만 안타깝게도 각성(覺醒)하는 철학적 지혜가 정치·사회 부조리를 당장 올바름으로 이끌지 않는다. 철학은 그 시대를 진단하고 아파하는 사람들의 영향력으로-아주 천천히-좀

11

더 나은 인간 삶으로 밝혀질 뿐이다. 즉 철학의 지혜는 서서히 대중 속에 녹아내리게 하는 역할을 할 뿐이다. 그 중심으로부터 당신은 살아감의 질문을 포기하지 않아야 한다. 알아야 할 건, 개인 및 사회적 부조리가 순탄하게 해결되지 않는다는 사실이다. 이런 삶의 조건에서 살아감의 책임은 나에게 달려든다. 따라서 부조리의 해결 가능성을 열어 놓는 길을 내 스스로가 만들어야 한다. "언젠가 당신의 살아감 속으로부터 의식적 벗어남을 추구하려는 번개가 찾아오리라." 그때 당신은 각종 부조리의 해결 방안을 올바르게 전개할 것이다. 당신은 위대하고 소중한 사람이기에 가능한 일이다. 이러한 당신의 살아감은 다가옴에 대한 '책임 있는 삶의 자세'로 표현될 것이다.

이 책은 1, 2부로 구성됐다. 1부는 우리의 살아감에 나타나는 일상의 느낌을 표현했다. 2부를 위한 전초 격이다. 2부는 나의 사상을 주장하는 글임과 동시에 대중 속에 녹아 있는 우리들의 무의식적 따라감을 은근히 비판한다. 동시에 우리의 살아감을 대중 속에 녹아 있는 무의식적 삶으로부터 의식적 살아감을 주장한다. 글 중에 모순적 부분도 발견될 것이다. 따라서 전체 글의 맥락은 저자의 사유에서 비롯된 만큼 비판의 시야에서 벗어나지 못한다. 그러나 독자의 이해는 독자의 몫으로 남기고자 한다.

"왜 살아야 하는지 아는 사람은
그 어떤 상황도 견딜 수 있다."
-프리드리히 니체-

2024년 5월
귀향을 꿈꾸는 자

목 차

1부

표현은 나를 기른다

1. 고향(故鄕)

고향은 드넓은 산소다
누구나 숨 쉰다
고향은 두근두근 기쁘다
누구나 힘차게 웃는다

고향은 무지개 같은 멍석이다
누구나 예쁘게 살아간다
고향은 미련하게 웃는다
누구나 기쁘게 살게 한다

2. 가진 게 있거나 없거나

과도한 소유(所有)욕은 욕망이 낳은 버거움이다. 소유의 욕망
은 우리들을 불편하게 만든다. 넘쳐나는 소유는 불안함이다.
불안함이 따르는 것이 가졌다는 '비용 지불'이다. 소유는 흘러
가는 자연적 현상이 따라야 한다. 정체된 소유는 소유의 본질
이 아니다. 흘러야 하고 되돌아오게 하는 속성을 가져야 옳다.

그래서 가지면 나누는 것이 자연스럽다. 또 소유는 무소유(無所有)를 가르친다. 나누다 보면 비워 가며 채운다는 걸 깨닫게 된다. 있어서 또는 없어서가 다를 바 없다. 곰곰이 생각해 보면 우리에게 얻거나 잃은 것이 따로 존재하지 않는다. 우리가 태어나 잃거나 가진 건 원래 없었다. 자연이 그렇다. 사람도 그래야 한다. 소유의 집착에서 벗어나는 깨달음은 내 자신의 감옥에서 해방이다.

3. 나의 눈에게 말했다

나는 지금까지 욕심으로 풍경을 바라보고 재단했다. 국가가 저지르는 풍경을 '가치 척도'로만 보았다. 있는 그대로가 아니라, 나의 눈과 마음이 새겨 놓은 억지 풍경이란 걸 알았다. 때론 나에게 말을 거는 풍경도 무시했다. 이 어색함이란……! 나는 아프고 힘들고 지쳐 갔다. 그때는 몰랐다. 삶에 지쳐 가는 순간 나를 맑은 마음으로 되돌리게 하는 건, 내 앞에 있는 그대로의 풍경이란 걸. 이제는 조금이라도 풍경을 건들지 않겠다. 나의 눈에게 말했다. "눈은 있는 그대로를 볼 줄 아는 마음이라고."

4. 표현은 나를 기른다

마음먹은 일을 즉시 행동으로 옮긴다는 것은 쉬운 일이 아니다. 준비가 되어 있지 않으면 그만큼 행동으로 옮기는 데 머뭇거린다. 하지만 과감히 행동하는 사람들을 보면 '사전 작업'을 착실히 수행한다. 그러한 사람들은 알게 모르게 자기최면을 걸고 산다. 그래서 조금도 망설임 없이 시작한다는 것은 무모함과는 다르다. 평소 자기가 품어 온 사전 준비를 발휘하는 과정에 불과하다. 자기를 믿기에-타인이 보기엔 무모하게 보이지만-자신감을 보인다. 그것은 자신이 획득한 힘을 의지로 표현할 뿐이다. 준비된 당신이다! 망설이다가 후회하지 않기를 바란다. 바람직한 일이라면, 과감히 나를 표현해 보고 후회하는 것이 훨씬 기특하다.

5. 덕(德) 보려는 마음 버리기

베푸는 사람은 강자이다. 반면 덕 보려는 사람은 약자로 취급받는다. 우리는 베풀기 위해서 나눠 줄 뭔가를 가져야 한다. 그러기 위해 '자기 증식'이 필요하다. 자기 증식의 요건은 물질적·정신적 요소로 나뉜다. 물질적 나눔은 한계가 있다. 하지만 정신적 나눔은 무궁한 결과를 가져온다. 감성이 풍부한 정신적 나눔은 타인을 변화시킬 수 있다. 우리는 욕망하는 본능으로 자기증식의 산술 속에 살아간다. 그러면서 차고 넘치면 마음을 비우는 시기를 발견한다. 이런 게 자연스런 베푸는 과정이다. 타인으로부터 덕 보려는 마음을 줄여야하는 이유가 있다. 나를 한없이 약한 존재로 내몰기 때문이다. 받고자 하는 욕심은 자기를 낮추고 게으르게 한다. 이렇게 자신을 초라하게 보이게 할 의무감이 생긴다. 이런 슬픈 속성을 갖는 게 덕을 보겠다는 마음이다. 또한 덕을 보려고 애쓰는 사람은 욕심이 채워지지 않을 때 분노한다. 이런 어리석은 수혜(受惠)자는 이 세상에 차고 넘친다. 그러한 습관은 무섭게 자신의 적으로 다가온다. 실제로 타인으로부터 덕을 보려는 습관이 굳어지면 자유를 잃어 간다. 그리고 거울에 비친 자신의 모습이 '못난이'로 비춰진다. 덕 보려는 사람들의 자화상(自畵像)이다.

6. 그래야 사람이다

봄은 참 예쁘게 자라니

여름은 시원한 정열이다
가을은 소박한 배부름이니
겨울은 따뜻한 푸근함이다
그래서 자연이다

사람의 살아감도 자연이다
예쁘게 자라고 정열을 키우니
소박한 배부름을 알고
따뜻함을 풍긴다
그래야 사람이다

7. 공손한 저항

세상사에 원인과 결과가 분명한 게 있다. 이러한 현상을 '필연(必然)'이라 한다. 반드시 그렇게 되는 일을 일컫는다. 일반적으로 우리가 동의하는 수준이 높으면 필연이다. 살아가는 것이 불편하지 않다는 거다. 반면 인과관계(因果關係)를 파악할 수 없는 경우를 '우연(偶然)'이라 말한다. 인간이 원인과 결과를 통찰할 수 없는 영역이다. 따라서 우연은 동의하는 수준이 낮다. 우연에 따른 감정은 흥분과 불편함이 따른다. 이처럼 삶의 전부는 우연과 필연의 조합일 수 있다. 당연히 오고야 마는 필연에 우리는 수긍하는 바가 많다. 그러나 불편한 우연에 대한 우리의 자세는 다르게 표현된다. 그래서 우연에 대해 냉정한 자세를 가질 필요가 있다. 두렵지만 이 우연적 현상을 견뎌내야 한다. 또한 이에 대응한 강력한-내적 강인함-살아감이 필요하다. 우리는 우연적 현상의 중심에 던져진 운명이다. 우연에 잘 대처하는 사람은 자기로서 사는 사람이다. 즉 필연으로 만들어 가는 자세이다. 그리고 자신만의 이야기를 기록하고 모호함을 견딘다. 어떠한 경우든 예기치 않는 일에 대해 가벼이-유쾌하게-넘어갈 수 있는 대담함이 필요하다. 다가오는 미래의 우리의 사명은 살아감에 유쾌함을 유지하는 것이다. 이러한 각오는 세상에 무참히 던져진 내 자신이 할 수 있는 세상을 향한 공손한 저항이다.

8. 홀로 있음의 매력

인간은 생각하는 동물로서 집단을 형성하여 힘을 키웠다. 그래서 동물 중에 최강의 동물로 진화하였다. 이같이 사람은 홀로 있을 때 약하지만 뭉치면 거대한 힘을 발휘한다. 이렇게 인간은 생각하는 힘으로 무궁한 가능성을 열어 놓았다. 이윽고 인간의 진화는 집단을 넘어 사회를 이루고 국가를 형성하기에 이른다. 긴 세월이 지나 현대로 진입하면서 집단의 형성은 다른 의미를 부여했다. 현대사회에서 집단에 속하지 못하면 왠지 낙오된 느낌을 받는다. 그래서 줄기차게 나를 집단에 소속되어 살게 한다. 물론 집단이란 조직에서 엄청난 배움과 소속감도 느낄 수 있다. 그리고 자기의 역량을 보여 주기 위한 환경으로 작용한다. 하지만 집단의식이 너무 강할 때, 나를 잃어버릴 가능성이 많다. 따져 보면 집단에서 자신을 보는 시야는 흐릿해지기 마련이다. 집단에서 '나'라는 존재는 최소화될 수밖에 없다. 계산적으로 보자면 집단적 사고는 나에게 안전과 평화를 안겨 준다. 우리는 사회적 동물이기에 그렇다. 거부할 수 없는 인간 진화적 결과이다. 또 각종 이념을 동반한 가치를 신봉하는 인간 사회에서 스스로 가치를 생산해야 하는 부담이 생긴다. 나의 가치가-부의 축적, 사회적 지위, 권력 등-없으면 타자로부터 소외되는 현실이다.

이제는 무심코 신봉하는 사회적 가치 기준에서 탈피해 보자. 여기서 반동적 저항 정신을 가져와야 한다. 나를 이해하고 더욱 더 나다운 삶을 살기 위해서 고독과 마주해야 한다. 어차피 우리는 홀로 모든 걸 감내해야 하는 인생 여정을 살기 때문이다. 살펴보면 고독이 반드시 슬프거나 외롭고 비참해지는 것은 아니다. 이는 엄청난 자기 계발의 전환점으로 작용할 수 있다. 고독을 잘 활용한다면 지금의 사회적 거대 담론에서 자유로울 수 있다. 이어서 주어진 삶의 무게를 한결 가볍게 할 수 있는 지혜가 발휘된다. 하루 이틀 정도 홀로 있는 시간을 활용하다 보면, 나의 모습이 자연스럽게 보인다. 이것이 잠자고 있는 '무의식적 따라감에서 깨어 있는 의식적 벗어남'의 시발(始發)이다.

9. 아무것도 없어도 괜찮아

다 빼앗기고 다 사라지고 다 떠나도
나에게 귀향(歸鄕)은 본능적 꿈이다
멀리 버려진 나를 되찾기 위한 희망이다
귀향은 내가 나를 데려오는 울림이다

다 빼앗기고 다 사라지고 다 떠나도
나에게 귀향은 "無"로 향한 의지다

다시 시작하는 첫 걸음이다
귀향은 나를 알게 하는 종착역이다

다 빼앗기고 다 사라지고 다 떠나도
나에게 귀향은 참으로 위로가 되는 푸근함이다
그래서 귀향은 비빌 언덕이 있는 저축이다

10. 자유를 다시 한번 생각하자

인간은 자유로운 유목민(遊牧民)이었다. 그러나 거대 집단생
활을 시작한 후, 법과 제도 아래 현재의 인간은 죄를 짓고 내
몸을 구속시키는 행위를 한다. 또한 마음의 집착으로 인해 구
속된 정신세계를 만들어간다. 그리고 삶을 제대로 누리지 못
하는 불안한 심리 작용도 더해진다. 이렇게 인간은 삶의 열려
있는 가능성을 스스로 잃어 가고 있다. 이러한 자세는 내 마음
과 신체를 병들게 하는 원인이다. 우리는 국가의 제도적 영향
력에서 탈피하지 못하는 운명이다. 그래서 신체적 구속을 당
하는 범죄를 짓지 않고 살아야 옳다. 이는 근본적으로 내 몸을
자유롭게 하는 것만큼 중요한 게 없다는 말이다. 유목민으로

살았던 삶처럼.

그러나 우리 인간이 본능을 약화시키고 이성적으로 사는 운명을 알아야 한다. 신체적 구속은 이성 능력을 약화시킨다. 그래서 우리가 살아가면서 신체적 구속을 당하는 일은 크나큰 불행이다. 자연 세계의 동물들도 구속당한다면 그것 또한 가장 불행한 살아감이다. 하물며 생각하는 인간이 구속된다는 건, 가장 불행한 일임에 분명하다. 또한 열린 가능성이 무궁한 인간에게 구속이란 몰락이다. 이와 같이, 이 세상을 살면서 신체적·정신적 구속의 노예는 되지 않아야 한다.

11. 인생언어의 품격

인간세계는 언어가 전부라 해도 과언이 아니다. 언어는 우리를 드러내게 하는 절대적 도구이다. 또 인간 언어는 존재를 인식하도록 작용한다. 이와 더불어 절대적 파괴 작용도 한다는 사실이다. 이처럼 위험하기 짝이 없는 이중적 도구를 우리는 사용하고 있다. 따라서 사람 관계의 절대적 요소는 언어의 사용으로 밝혀진다. 게다가 내가 태어나서 죽을 때까지 나를 표현하는 수단이다. 물론 비언어적 신호도 나를 표현하는 기법

중 하나다. 또 내가 사용하는 언어는 타인에게 영향력이 막대하다. 같은 말이라 하더라도 단순한 억양의 높낮이에 따라 타인에게 의미가 다르게 전달된다. 잘 다듬어진 억양은 부드럽고 따뜻한 감정을 전달한다. 그렇지 않는 경우 수많은 오해를 불러일으키는 게 언어의 맹점(盲點)이다. 이같이 언어의 사용은 타인과의 관계 맺음에 절대적이라고 할 수 있다.

일반적으로 말이란 상대방과의 소통의 도구다. 말이란 서로 공감을 유도해야 한다. 정확하고 부드러워야 된다. 한편 듣기란 말하기 위한 '비용 지불'이며 준비 상태다. 너무 긴 발언은 삼가해야 한다. 말이란 욕심을 부리면 곤란하다. 호흡을 가다듬고 차분해야 한다. 말이란 아무 말이나 남발하면 안 된다. 자신을 추하게 할 뿐이다. 말이란 무궁한 가치를 생산한다. 나를 가장 잘 보이게 하는 엄청난 재산과 같다. 말이란 권력을 행사하는 연장이 아니다. 지적·지위 권력을 갖고 있다 하여 함부로 남발하면 소통은 멀어진다. 겸손하고 겸손해야 제대로 된 소통이 이뤄진다.

살면서 언어 구사만 적절히 잘한다면, 자기 정체성의 정당성이 확보된다. 물론 타인은 그러한 나를 함부로 대하지 않는다. 내가 사용하는 언어의 품질은 나의 인격의 척도이기 때문이다. 더불어 올바른 언어 사용은 반드시 타인으로부터 나를 긍정적 방향으로 이끈다고 믿어야 한다. 여기서 세속적인 물질적 가치가 나의 품격의 가치와 동치하지 않는다는 것을 알아야한다. 물질적 가치의 한계는 시간성의 제약을 받는다. 즉 일시적 현상에 불과하다는 말이다. 지금부터라도 평소 언어 습관을 점검하고 올바른 언어 사용을 실천해야 한다. 나를 빛나게하거나 추하게 하는 것이 평소 내가하는 말과 언어 사용이다. 아울러 타인은 항상 나의 언어 사용을 무의식적으로 평가하고있다는 걸 잊으면 안 된다.

12. 부모 자식 사이

부모 자식 사이
죽을 때까지 서로가
유일하게 편들어 주는 관계
부모 자식 사이
서로의 감정을 전부 아우르는
아무 조건 없이 살피는 그런 관계

부모 자식 사이

말하지 않아도 서로의 존재가
무엇인지 자연스럽게 아는 관계
부모 자식 사이
자연의 최고의 인연
있는 그대로의 존재
부모 자식 사이
서로 책임지는 그런 존재

13. 자신의 인생을 스스로 책임져라

젊은 날 부모님 곁을 떠나 청춘을 보냈다. 학교를 다니고 사회
생활을 시작했다. 결혼도 하고 아이도 낳고 살고 있다. 그동안
지나간 시간이 한 조각으로 느껴진다. 세월이 흘러 뒤를 보니
그렇다. 아쉬움이 이루 말할 수 없이 남는 세월이다. 지나간
세월 속에 수많은 시행착오가 나를 '욕'하고 있다. 돌이켜 보건
대, 어처구니없는 짓도 많이 저질렀다. 때론 순간적으로 좌절
하고픈 생각이 엄습한다. 미친 듯 생각 없이 살았던 세월이 괴
롭다. 철없이 보낸 지나간 세월에 대한 쓸쓸함의 대가(代價)이
다. 후회스럽지만 흘러가는 물결을 붙잡지 못하는 것이 지나

간 시간이다. 이제라도 알았으니 걱정은 놓아 버리고 책임지는 인생을 가져와야 한다. 우리는 이렇게 살아감의 흐름을 책임지며 살아야한다.

14. 산다는 것

정답 없는 질문이 '산다는 것은 무엇인가?'이다. 그럼에도 묻고 또 묻고 하는 게 산다는 의문이다. 산다는 것! 죽음으로 향한 운명 앞에 허약함을 들키지 않는 자세일 수 있다. 또한 살면서 나약하고 비겁한 나를 발견했을 때, 나에게 던지는 질문이다. 산다는 것. 엄청난 채찍을 스스로 가할 수 있는 태도이다. 무엇보다 이 세상에 던져진 나를 견디는 과정이다. 오늘도 고통이 따르고 어차피 내일도 그렇다. 정의 내리기도 어렵고 밝혀지지도 않는 것이 산다는 것이다. 산다는 것은 허무다. 산다는 것은 표현이다. 산다는 것은 죽기 위해 사는 것이다. 산다는 것은 고통이다. 산다는 것은 결핍과의 투쟁이다. 그리고 어김없이 닥쳐오는 허무함에 대한 대결이다. 아무리 산다는 것에 대해 질문을 던져도 답은 존재하지 않는다. 그저 불편한 사실만 알 뿐이다. 산다는 것은 나에게 달려 있는 문제다. 그래서 우리는 타인에 의한 의미 전환은 기대하지 않아야 한다. 산다는 것! 그것은 내가 나를 나타나게 하는 유일한 '창작 활동'뿐이다. 실제로 산다는 것은 나의 의지를 바탕으로 한 표현으로 나타날 뿐이다. 여기서 당신의 창작 활동을 들어 줄 한 사람이 필요하다. 최소한 살면서 한 사람 정도는 포섭하고 곁에 둘 수 있어야 한다. 그래야 당신이 산다고 하는 말을 들어 줄 테니까. 그런 사람을 만났다면 당신은 잘살고 있는 중이다.

15. 맛있는 사람살이

밥 먹을 때 불편함이 없는 아름다운 사람
언제라도 "밥 먹자!"가 가능한 그런 사람
흐뭇한 미소를 반찬 삼아 서로의 감정을
나눌 수 있는 그런 사람을 만나는 건
내가 그런 사람이기 때문이다

입안에서 살살 녹는 달콤한 사랑을 먹고
그러한 사람살이의 솜사탕을 키우는 솜씨는
내가 그런 사람이기 때문이다

서로의 사랑을 함께 키우는
그런 사람을 만나는 건
내가 그런 사람이기 때문이다

16. 오래 바라봄

창 너머
보슬보슬 비가 내려오면
저 너머 보이는 풍경소리
저 멀리 구름 아래 춤추는 사랑
아늑한 이 보금자리
너와 나 그리고 바라봄!
끝나지 않을 우리 인연
우리의 사랑과 이야기는 마르지 않는 샘
그렇게 우리는 서로 질리지 않는 이야기꾼이네
그래서 우리는 오래도록 마주보는
영원히 함께할 연인(戀人)이구려

17. 마음 공간

마음 공간
타인에게 과감한 충고를 건넬 수 있는
사람의 마음이지
마음 공간
타인으로부터 과감한 충고를 수용할 수 있는
사람의 마음이지

그런 사람이 한 명쯤 곁에 있다면
당신은 정말 괜찮은 마음 공간을 소유한 사람이지

18. 나는 스스로 보고 듣는가?

세상을
나의 눈으로 스스로 보고
나의 귀로 스스로 듣는가?
세상은
나의 눈으로 스스로 봐야 하고

나의 귀로 스스로 들어야 옳다
세상은
내가 스스로 보고 듣는 만큼
두근거린다

19. 흙이 말을 하더라

흙은 인간에게 푹신한 방석과도 같다며
흙은 인간에게 포근한 이불과도 같다며
사람이 살다 보니 흙에게 따뜻함을 선물했네
사람이 이불과 방석을 걷어치우는 꼴을 만들었네
흙이 숨 쉬지 못한다고 난리네

흙이 인간에게 말을 거네!
사람아! 사람아! 사람아!
나도 숨 좀 쉬자!

20. 나는 알았다

나는 알았다
청춘은 무한 가능성을 잉태한다는 것을
성년은 꿈을 펼칠 수 있는 기회가 많다는 것을
노년은 성취감으로 행복을 맛본다는 것을
황혼은 외로움과 대결해야 한다는 것을
나는 알았다

나는 알았다
인생의 맛은 달콤하지 않다는 것을
죽음은 아름답지도 추하지도 않다는 것을
인생은 나를 책임져야 한다는 것을
나는 알았다

나는 알았다
인생은 나를 얼마나 잘 보살폈는가를
나에게 얼마나 수고했는지 말해 줄 수 있는가를
살아감을 얼마나 이해시키려 노력했는가를
나는 알았다

나는 알았다
인생은 나의 수고로움에 달려 있다는 것을
인생은 책임지는 결정을 반복한다는 것을
나는 알았다

나는 알았다
인생은 이 세상 모든 것에 맞서서
그럼에도 불구하고 산다는 것을
살아가고 견디는 것이 사람의 길이라는 것을
그럼에도 불구하고 인생은 달콤하다는 것을
나는 알았다

21. 알깨기

새는 알을 깨고 밖으로 나와야 한다. 스스로 바깥세상을 보기 위한 첫 힘을 발휘한다. 비로소 날개를 펼치고 하늘을 나는 연습을 시작한다. 그다음 독립된 자연의 법칙에 따라 살아간다. 만약 새가 스스로 알을 깨지 못하면 바깥세상을 만날 수 없다. 당연히 새의 삶은 사라진다. 이와 같이 사람도 자신을 둘러싼 집착과 고민의 알을 스스로 깨부숴야 한다. 나에게 달려드는 문제를 자기 스스로 대면하고 답을 찾을 필요가 있다. 그래야 자기 삶의 날개를 펼 수 있는 것이다. 아울러 가슴 두근거린 세상과 마주하는 살아감의 시작이다.

22. 습관이 뇌 기능을 변하게 한다.

우리가 하루 일과를 시작하고 마무리하는 행위의 대부분은 뇌가 일으키는 반복적 일과이다. 엄격히 말하자면 내가 하고 싶은 행위가 아니다. 이미 뇌에 프로그램화되어 있는 일정에 따른 반응일 뿐이다. 우리의 평소 습관이 인생 전부가 된다는 말이 있다. 그만큼 일상적 행동은 습관으로 이루어져 있다. 우리의 일상은 학습된 뇌가 받아들이는 대로 이루어진다. 현재 당신의 좋은 습관과 나쁜 습관이 있을 것이다. 일상적 습관이 얼마나 무서운지 경험해 보면 안다. 아무리 애써도 내 스스로 제어할 수 없는 나쁜 습관이 있을 거다. 그 이유는 뿌리 깊게 박혀 있는 무의식의 습관 때문이다. 일상에서 바라본 내 자신을 보노라면 나도 모르게 스스로를 놀라게 한다. 지금부터라도 무의식의 부적절한 습관에 대해 수정하는 단계를 밟아야 한다. 첫 번째로, 나의 나쁜 습관을 인지하는 단계부터 시작이다. 그러면 내 스스로의 의지로 그 습관을 제어할 수 있는 단계로 진입한다. 그다음 잠재돼 있는 무의식적 따라감에서 의식적 벗어남을 실천할 때다.

23. 우울감이 찾아오면

우리는 타인과 비교하는 마음으로 자신을 평가하는 의식을 갖는다. 흔히 말하는 재산, 학력, 나의 지위, 사람 관계 등을 남과 비교한다. 타인보다 내가 더 우월해야 하는 관념은 본능에 가깝다. 경우에 따라 나와 타인과의 비교에서 나온 열등감은 어떻게 할까? 거기에서 촉발되는 우울감을 조장하는 자세는 어떻게 표현되는가? 더불어 두루 만족을 모르는 인간 뇌의 작용은 내 마음과 무관하게 작동한다. 이로써 인간이 갖는 시기와 질투가 스멀스멀 피어오른다. 그로 인해 스스로 타인을 향한 악의적인 발상과 타협도 한다. 또한 우월 의식에서 나오는 의미 없는 질주도 감행한다. 끊임없이 나를 타인과 또는 세속적 기준에 비교하는 습관으로 말이다. 그래서 자기 파괴의 길로 들어서는 어리석음을 연출한다. 이러한 어리석은 마음은 물론, 타인과의 비교하는 마음을 줄이려면 어떻게 해야 할까?

불교에서 말하는 인간살이의 과정 속에 고통과 집착이 상존한다. 이로부터 해방된다는 의미의 '자유롭다.'는 무엇을 말하는 걸까? 이 물음에 대해 무조건 사람의 욕망을 억제해야 한다는 말은 아닐 거다. 살아가면서 자기 삶의 욕망을 마음껏 펼치기도 해야 한다. 그로부터 나오는 어쩔 수 없는 고통 및 집착과 대면도 필요하다. 여기서 자기가 인식하는 욕망의 한계를 밝혀내야 한다. 즉 자기 한계를 자각하는 지혜가 필요함을 뜻한다. 인간은 욕망 추구-만족-권태-허무함을 반복하는 동물이다. 인간살이의 부정할 수 없는 운명이다. 그래서 자기의 한계를 정확히 짚어 봐야 할 일이다. 따라서 삶의 목표에 대한 자신만의 내적 기준과 합의해야 한다.

명심해야 할 삶의 자세는 외부-타인과 사회-의 기준이 나를 이끌게 되면, 삶이 끝날 때까지 만족은 없다는 사실이다. 이를 안다면 지금 당신의 작은 일부터 실천하는 단계가 중요하다. 이와 더불어 현재 나의 기준과 나의 길을 알고 실행하는 자세가 필요하다. 작은 실천의 완성으로부터 '세상살이에 대한 자유로운 영혼의 해방감'을 엿볼 수 있다. 게다가 스스로 자유롭다는 의미는 부끄러움이 없는 것과 같다. 그러기 위해 계획과 목적이 분명하게 내 마음에 자리 잡도록 해야 한다. 그 길이

바른 길이라면 어떠한 것과도 '비교'라는 개념으로 나를 평가하지 않는다. 주위에 다른 이들과 비교하지 않고 스스로의 시선으로 무언가를 좋아하는 것! 이게 어른으로 가는 길이다. 그래서 소소한 작은 일상의 실천이 나답게 만드는 단초다. 그다음 이상을 향해 달려가는 것이 인생 전반이다. 물론 타인과의 비교에서 일어나는 열등의식과 자기 타락의 전초 격인 우울에서 벗어날 수 있다.

여기서 우리는 우울함을 내세우지 않아야 한다. 정리하자면 우울함은 자기 책임에 대해 소홀한 경우이다. 즉 최소한의 임무를 완수하지 못함에서 오는 비겁한 증상이다. 아울러 나에게 부끄러운 것이 많아서 그렇다. 위에서 언급했듯 스스로 자유스럽지 않다는 증거다. 또 우울함은 다가옴에 대한 불안감을 스스로 지속시키는 내적 허약함이다. 이는 삶의 미완성에 대한 자기 불만의 표출이다. 우울감의 극복은 자기 능력 내에서 책임감을 갖는 것이 우선이다. 더불어 소화되지 않은 마음을 모두 다 배설시키는 게 현명하다. 누구나 붙잡고 자신에게 달라붙은 마음에 응어리를 말해야 한다. 그다음 작은 일부터 실천하고 그 계획을 비틀지 않아야 한다. 이로써 우울감은 나와 상관없음이 될 것이다. 우울증은 자기 스스로 실망하는 단계부터 시작된다는 걸 잊지 말자. 그리고 "나는 우울증이 있

다."고 말하는 걸 삼가자. 가장 비겁한 마음이니 서둘러 없애
야 한다.

24. 삶이라는 질문

삶이라는 질문은 무엇을 기다릴까? 이 질문은 어떠한 답이라
도 '답'이 아니다. 살아감에 대한 답하기 어려운 질문이다. 삶
이란 우리들에게 정답 없는 각자의 표현을 요청할 뿐이다. 필
연적으로 우리는 다음 세대를 위해 죽어야 하는 운명이다. 어
김없는 보편적 죽음을 위해 산다고 할 수 있다. 이렇게 표현하
면 너무 슬픈가? 그래서 인간이 '신'이라는 존재를 만든 이유가
죽음이후를 생각해서이다. 인류는 죽음이 두렵기 때문에 영생
의 사상적 공간을 만들었다. 오랜 본능을 애써 버리고 이성을
가지고 살아야 하는 불운이다. 그래서 죽음의 불쾌함을 도덕
적 이상으로 꿈꾼다. 그리고 인공적인 다음 세상을 만들고 믿
으려 한다. 이와 같이 삶에 대한 두려움을 해소하는 방법을 찾
는 게 인간이다. 한편으로 인간이 창조한 삶의 세계는 소음과
침묵의 경계선이 아닐까? 이같이 사람들은 이 순간에도 그 경
계선을 애써 견디면서 살아간다. 삶이란 확신 없는 탐험이다.

그리고 각자에게 주어진 책임으로 살아감의 표현으로만 나타
날 뿐이다. 인간은 본능적인 자연에서 나왔지만 미완의 이성
적 존재로 살아야 하는 운명이다.

25. 살아감의 소화력

인간의 삶은 욕망이라는 기본적 본능으로 출발한다. 그래서
우리는 매 순간 소유욕 때문에 고통을 받는다. 사람은 죽을 때
까지 소유욕의 사슬에서 자유롭지 못하다. 소유욕이 사라지면
비로소 죽음을-죽음을 앞서 본다-준비한다. 부족함을 채우려
하지 않을 때 삶을 마무리한다. 사람이 그렇다. 죽음을 인식한
다는 건, 허무함을 알아채는 순간이다. 이윽고 허무함을 인식
하고 자기 소화를 완성한다. 역설적으로 허무함을 버리고 자
유를 얻는 순간이다.

26. 나와 대면하기

우리가 점유한 지점-대중적 가치 중심-을 질문하기보다 내가

차지하고 있는 지점-나의 독립적 가치-을 포착해야 한다. 이로써 '나'라는 특정한 개인이 무엇인지 밝혀야 한다. 그러므로 진정한 자기를 찾기 위해선 자신과의 관계를 넓혀야 할 일이다. 때론 너무 친밀한 대중 속 관계에서 멀어질 필요도 있다. 나를 타인에게 구속되게 함으로써 자유를 잃을 가능성이 많기 때문이다. 아울러 현대의 수많은 정보가 지배하는 시대이다. 이를 소비하는 우리는 강제 없는 지배의 우산 속에서 허덕이는 게 사실이다. 잠시라도 그러한 정보의 울타리에서 벗어나 있을 때, 내가 느끼는 불안과 편안함을 가늠해 보는 좋은 기회가 될 것이다. 그때가 나와 직접적인 대면의 시간을 갖는지 아니면 불안을 견디지 못하고 있는지 알 수 있다.

27. 고향이 그리운 나이

어머니 품이 그리운 듯 고향을 품는다. 아득히 먼 세월이라 해 버릴까. 참 멀리도 그리고 긴 시간을 떠나있었다. 욕심 부리지 않았지만 욕심을 낳았고, 게으르지 않았지만 게으름으로 산 듯하다. 살면서 따뜻하다는 곳을 알았지만 정작 따뜻한 곳을 헤매고 다녔다. 다시 찾은 고향은 많이도 변했다. 내 마음의 풍경은 그대로인데 말이다. 내 마음의 풍경과 지금의 고향을 보노라면 설움이 쌓인다. 참 멀리도 그리고 긴 시간을 떠나 있었다. 미련하게 산 듯하였으나 계산은 다 하고 살았다. 느긋하게 산다고 한 것이 나이도 잊어버렸다. 이렇게 봄, 여름, 가을, 겨울은 나와는 무관하였다. 고향의 봄, 여름, 가을, 겨울께서는 잘 지내고 있는지 보고 싶다. 이제는 고향이 그리운 나이가 되어 버렸다. 고향! 참 멀리도 그리고 긴 시간을 떠나 있었다.

나에게 "수고했다." 말해 줄 고향! "어서 오시게."를 이야기하는 어머니 같은 길목. 그러나 아무것도 남아 있지 않을 이놈의 인생! 이러한 인생 벌칙을 따라 욕심나게 살고 부지런히 살고 영리하게 살아도 허무하다. 잠자리에 들어 바라본 천장은 고향을 부른다. 남은 건, 내일 일은 모른다는 사실이다. 그래도 남기고 싶은 추억은 나의 살던 고향이다. 그리운 고향은 유일하게 나를 인정하는 곳이구나. 이제야 고향을 찾는 나이가 되었다.

28. 내가 사는 걸 부모님이 보고 있다면

나를 낳아 주신 아버지
나를 기르신 어머니

사랑하는 딸아!
사랑하는 아들아!
"지금 어떻게 지내고 있느냐?"
"……."
어머니 아버지가 위에서 보고 있다

내가 사는 걸 부모님이 보고 있다면
나는 어떻게 말해야 할까?

29. 지금 가진 것이 좋아

내가 숨 쉬고 있는 맑은 공기는 참으로 좋은 약이야
내 몸이 자유로운 건 너무나 아름다운 가능성 아니겠어!
이렇게 자유로운 축복을 나는 기뻐해

내가 건강한 기쁨이 오늘을 유쾌하게 살게 해
이런 경이로움이 있을 줄이야
사랑해 감사해 좋아해 아름다워
또 사랑해 감사해 좋아해 아름다워 지금 가진 것을

30. 삶의 주동자

사람은 정당성을 말하는 놈에게 함부로 하지 않는다
정당성에 침묵하면 상대에게 '비루함'을 선물한다
주도적인 사람은 '눈치'가 빠르다
상황에 따라 어떻게 행동해야 하는지 아는 사람이다

타인에게 받았으면 갚아야 하는 것도 알아야 한다
서로 주고받는 '의(義)로움'으로부터
서로 잘되게 하는 마음이 생긴다
그렇게 사람은 이방인이 아닌
삶의 주동자가 된다

31. 행복? 힘(권력)이 필요하다

나를 책임지는 주도적 삶으로의 변화는 간단하다. "아니요."라고 하면 된다. '아니요!'라고 말할 수 있는 경우는 내가 힘이 있을 때이다. 그 힘을 기르기 위해선 자신의 절대적 노력이 필요하다. 내 삶이 강해지면 강해질수록 행복 지수는 상승하기 마련이다. 내가 느끼는 행복이란, 나의 역량(力量)과 살아감의 강력함으로부터 느끼는 성취감으로 나타난다.

32. 늙어지면 머무르고 싶은 곳

겸손하게 흐르는 사랑스러운 풍경!
그 곁에 머무르다
봄, 여름, 가을, 겨울을 만나서
산과 계곡의 맑은 음악 소리와 살고 싶다

그곳에 가면 내안에 깃든 타락(墮落)이
부끄럽겠지! 아마도 그럴 거야
부끄럽지 않기 위해

단순 소박 겸손을 내민다

그러면 받아 줄려나?
그러면 받아 주겠지!
나의 늙어 감이 말했다

33. 마당이 천국이네

마당 한가운데 평상에서
하늘을 보며 밥을 먹었다
마음 감옥에서 벗어났구나
참으로 좋구나
밥맛이 여기에 있었네
내 마음이 예뻐지는 순간이었네
참으로 좋구나

나는 사람이구나
너도 그렇다

34. 신(神)은 나야

사람이 만들어 놓은 두 가지 '신'
영혼을 신에게 맡겨 보려는 '의타적 신'
우리들이 창조한 '물질적 신'
우리는 신을 모시고 산다
"……."
세 번째 신은 '나를 숭배할'
나를 데려오는 일

나와 제일 친한 나는 나를 좋아해
그리고 같이해 영원히 존경해 너를
오늘도 나는 나에게 말해
힘들지만 살아 줘서 고마워
이렇게 나는 나를 '신'으로 받아들였다

35. 여기 있음을 사는 인간

만약 신이 존재한다면 신의 의지가 인간세계를 제어했을 것이다. 하지만 그렇지 않는 것으로 보아 신의 영역은 한계가 있는 것 같다. 혹시, 신이 인간에게 살아감의 책임을 던져 준 걸까? 그래서 인간의 불완전함과 시행착오를 낳을 수밖에 없는 걸까? 여기서 신의 존재를 믿는 것과 믿지 않는 관점적 해석이 있다. 우리들은 이러한 두 가지 상반된 관점으로 이 세상을 해석하고 살아간다. 각자 다르지만 존중해야 할 일이다. 또 신의 존재 유무를 떠나 보는 일이다. 그것은 우리가 만들어 낸 신의 영역을 넘어서는 길이다. 말하자면 궁극적으로 인간이 세상을 이끌어야 하는 당위성이다. 여기에 자연에서 낳고 자란 우리의 욕구 본능이 있다. 본능은 이성보다 훨씬 더 강력하다. 아울러 인간의 본성은 합리적이지 않다. 이렇게 본능적 자질과 이성을 겸비한 인간은 불완전한 존재다.

불완전한 인간을 살펴보면 우리가 만든 사물과는 다르다. 가령 의자의 본질이 앉는 것이라면 다양한 이성(理性)을 가진 인간을 객관적 본질로 정의하기가 곤란하다. 그 이유는 인간은 사용하는 물건이 아니라 그렇다. 지나간 역사에서 보듯 다양한 종교적 관점으로 인간의 본질을 정의 내리는 시대가 있었다. 그러나 인간은 신이 아니다. 더불어 신과 같은 존재도 될 수 없다. 단지 우리는 현실을 직시하는 인간 동물이다. 그래서 신이 아닌 인간은 실존(實存)을 살아야 하는 운명이다.

따라서 우리는 '신'이라는 높은 이상보다 현실의 삶을 살아야 할 책임이 따른다. 인간은 불완전한 존재로서 자기를 향해 분투하는 전사일 뿐이다. 우리의 존재를 죽음과 함께 사라진다고 할 때 말이다.

36. 위험한 삶이 위험할까?

위험한 삶이란 '용기'를 수반하는 살아감이다. 살면서 머뭇거리다가 낭패를 본 경험이 있는가? 갈등에 대한 용기 있는 화해의 악수. 사랑에 대한 진심 어린 다가섬. 일에 대한 두려움 없는 열정적 도전. 자기 자신을 믿고 발언하는 정당함. 따져 보면 용기-자기 역량-없는 발전과 상승은 단 1도 없다. 위험하다는 것은 도전이지 무모함과는 거리가 있다. 용기를 갖는 자는 자기가 행한 행동에 대해 책임과 역량을 갖추게 된다. 말하자면 더욱 강하게 변하는 게 용기로부터 나온 삶의 자세다. 지금 당신이 처한 도전적 상황에서 머뭇거리고 있는가? 언젠가 당신에게 꼭 해야 할 일이라고 판단하는 때가 도래한다. 그때를 놓치지 않아야 한다.

머뭇거리지 말고 과감히 용기 내는 위험을 실행해 보길 바란다. 그에 따른 역경(逆境)은 당신을 더욱 강하게 키울 것이다. "아니면 말고." 이런 되새김도 좋다. "뭐! 죽기야 하겠어!" 이런 각오도 좋다. 나를 파괴하지 못하는 역경은 나를 더욱 강하게 만든다. 나를 강하게 하는 최고의 다짐은 해 보고 후회하겠다는 선언에서 나온다. 망설이지 말고 한 번 더 "아니면 말고."를 외치면 된다. 이렇게 닥치는 일에 고개 들고 어깨 펴고 당당히 맞서기 바란다. 그러다 보면 나에게 '그럼에도 불구하고'를 말할 때가 자주 생긴다. 이럴 때, 그 이상의 넘어섬을 당신은 찾아 나서게 될 것이다.

37. 다양한 관점을 생산하는 지혜

세상을 바라보는 시야를 구조적으로 보는 사람은 다르다. 우리가 말하는 전체성은 사물 자체가 아니다. 이는 관계성에 토대를 둔 자기 조절과 변형이 낳은 구조적 현상으로부터 하나의 결과로 보여진다. 풍성한 감각과 감성을 소유한 사람은 세상일을 '다각적'으로 본다. 단순하게 표출되는 표현은 자칫 오류의 함정에 빠지기 쉽다. 왜냐하면 세상 모든 일은 원인이 단순하지 않기에 그렇다. 하나의 현상에 대해서도 수많은 원인으로부터 결과를 낳는다. 이러한 이치를 안다면 당신은 모든 일에 대한 구조적 판단 능력이 높아진다. 그래서 사유하는 사람은 다각적 시야를 넓게 확보한다. 더불어 느낌을 많이 생산하고 감수성의 깊이를 만끽한다. 이로써 자신에게 달려오는 행복감을 실시간 느끼게 된다. 실제로 당신은 외부적 현상에 대한 관점을 여러 각도로 보려 한다. 특히 사람과의 관계에서는 더욱 조심스럽게 살핀다. 그러한 사람은 시행착오를 줄이는 탁월함을 보인다.

내가 보는 관점적 해석과 타인의 해석은 모두 같을 수 없다. 나를 둘러싼 타인들의 시선은 단순하지 않다는 걸 알아야 한다. 우리가 타인을 평가하는 요인을 단순화하면, 이 세상 어느 누구와도 융화될 수 없다. 거친 표현이지만 어차피 사람이란 '미완성 제품'이다. 또 나의 감각을 넓히는 방법은 직·간접적 경험에서 나오는 순발력이다. 이러한 순발력은 노력 없이 발휘되는 품격이 아니다. 스스로의 수양이 동반돼야 하는 당위성이 존재한다. 따라서 다각적인 해석 능력은 느낌을 생산하는 인간이 하는 최고의 품격이다.

38. 사람의 말

사람의 말은 따뜻해야 한다
그래야 사람이다

사람의 말은 따뜻해야 한다
그래야 사람이다

사람의 말은 따뜻해야 한다
그래야 사람이다

39. 나에게 묻다

아무리 내가 타인을 사랑한다고 한들
내가 사랑받을 사람이 아니라면
타인은 나에게 허상(虛像)일 뿐

나에게 물어본다
나는 어떤 사람인가?

40. 기분(氣分)

우리의 뇌는 익숙함에 따른 권태감을 느끼도록 설계돼 있다. 이윽고 허무감으로 이어진다. 권태감에서 피할 수 있는 길은 따로 없다. 신이라 할지라도 권태를 피할 수 없을 거다. 인간 삶의 시간을 계산해 보자면 지루해하기에는 좀 짧게 느껴진다. 아울러 시시각각 돌아가는 세상에 사색(思索)하는 시간이 부족한 듯하다. 지금 시대를 보노라면, 우리는 자신으로부터 이방인으로 살고 있는 것 같다. 사회가 마련해 놓은 평균적 일상에서 벗어나지 못하는 살아감이다. 또한 우리는 기분에 따라 조급함에 노출되어 '자기 성찰'이 없는 시대를 살아간다. 이는 사회적 분주함이 낳은 결과이다. 가면을 두텁게 쓰고 있으면서 말이다.

지금 우리는 스마트폰과 각종 미디어의 정보 홍수에 허덕이고 있다. 이렇게 실시간 넘쳐 나는 정보가 우리를 지배하는 세상이다. 이러한 영향으로 우리의 이성적 인식의 높이보다는 감정적 기분에 의한 삶이 주를 이루고 있다. 기분에 의해 세상은 달리 해석된다는 것이다. 오늘의 기분이 나의 하루를 이룬다. 이러한 기분을 유쾌하게 유지하는 것이 살아감에 대한 성실이다. 또한 외부적 요인에 의한 기분이 절대를 이루는 어리석은 상황은 피해야 한다. 그러기 위해, 정보의 영향을 최소화하도록 내 주변의 일상이 깔끔하게 처리되고 유지돼야 한다. 지금 현재 나의 기분을 좌우하는 요인이 무엇인지 알아야 하는 이유다. 항상 나의 기분이 어떠한 이유로 상승과 하강을 반복하는지 살필 필요가 있다. 기분을 관찰해 보는 것은, 나의 살아감이 주체적으로 변화되는 올바름이다. 또한 삶의 품질을 높이는 방법이다.

41. 나에게 돌아오다

사람은 지식과 지혜가 높을수록 괴로워하는 동물이다. 그에 따라 생각하는 깊이가 깊을수록 고뇌하는 수준도 높다. 더 나아가 생각의 깊이가 깊어지면 심오한 사상으로 이어진다. 아울러 고뇌하는 생각거리는 불편하기 마련이다. 그럼에도 불구하고 그러한 불편을 감수하며 살아가는 사람들이 많다. 이들은 곧 깨어 있는 사람들이다. 그 이유는 멀리 던져진 자신을 데려오려는 속셈이 있기 때문이다. 궁극적으로 내 안에 존재하는 또 다른 나를 이방인으로 만들지 않기 위한 간절함이다.

42. 홀로서기

홀로 있음에 부끄럽지 않아
고독이 생각의 깊이를 파고들어
고독이 나를 잘 알게 하는 수단이야
홀로 건강하게 잘 지내는 고독이 좋아
강력한 살아감이 있어서 좋아

어제 병원 중환자실에 다녀왔어
그들은 살고자 했어
내가 부끄러웠어

오늘 시골 장을 기웃거렸어
그들은 살고 있었어
내가 부끄러웠어

나는 알았어
나에게 내일은 나의 '의지'라는 걸

43. 기분의 속성

기분이란 마음에서 저절로 느껴지는 유쾌함이나 불쾌한 감정
이다. 기분의 속성은 신체와 감정의 상태를 동시에 나타낸다.
기분을 살펴보면, 외부 조건으로부터 영향을 많이 받는다. 물
론 내적 욕망의 달성으로 기분이 상승한다. 한편, 욕망의 좌절
로 기분은 나빠진다. 여기에 인간관계로부터 일어나는 기분
의 변화는 무척 다양하다. 내가 느끼는 기분의 감정을 정리하
다 보면 상대방을 이해할 수도 있다. 따라서 나의 말과 행동이
타인에게 어떻게 작용될지 미리 살피게 된다. 좀 더 말하자면,
내가 타인으로부터 받는 유쾌하거나 불쾌한 감정선을 구분하
자는 말이다. 그렇게 되면 나의 말하기와 행동은 타인에게 다
르게 전개된다.

44. 또 다른 시작

현대의 기술과 정보 문명이 우리의 존재를 갉아먹고 있다는
망각(忘却). 인간이 창조해 낸 도구에 의해 자유로운 노예가
되어 지속적으로 충성을 하고 있다는 망각. 우리가 가진 소유
물이 나의 실존을 방해한다는 망각. 그러면서 자기의 존재가
무엇인지를 묻지 않는 어리석음. 죽음이라는 문턱에 다다를
때 비로소 깨달음에 분노하는 우리. 우리는 이렇게 살아가고
있는 중인가? 그리고 인생의 종착역에서 삶을 깨닫지 못함을
어쩔 수 없었다고 자책한다. 그것이 한계임을 토로한다. 그리
고 나는 무엇과 누구에 의한 삶을 살 수 밖에 없었음을 후회한
다.

이제 우리는 다가옴에 대한 실존적 감성을 깨워야 할 때다.
그리고 나에게 연민을 가져와야 한다. 내 마음에게 빚을 지거
나 아프게 하는 수많은 착오들을 하나씩 지워야 한다. 지금을
살아가는 우리들의 시간과 모든 인간이 창조한 액세서리를 생
각한다. 이제는 나에게 주어진 시간이 얼마 없음을 알 때다.
또한 나에게 안락한 도구가 없음을 견뎌야 한다. 아무것도 없
음을 순수한 시작이라고 생각해야 한다. 우리가 빚지고 있는
자연이 사랑스런 이유가 여기에 있다. 우리가 갖는 고향으로

향하는 마음은 허무함을 무력화한다. 모든 게 아무것도 없음에서 시작되었음을 알리는 곳이 자연이다. 인간과 달리 자연은 시간과 도구를 요청하지 않는다. 그래서 자연은 스스로 이유가 되는 자유를 선사한다.

45. 외로운 건, 외로운 대로

혼자 사는 사람들의 최고의 단점은 '외로움'이다. 어쩔 수 없는 외로움을 극복하기에는 그 한계가 있을 수 있다. 그러나 마주친 외로움에 굴복하면 스스로 인간 된 삶을 놓아 버린다. 자신을 넘어서고자 하는 사람은 다름을 추구하여야 한다. 지난 역사의 위대한 사상가 중 독신이 많았다. 그들에겐 고독이 필요한 이유가 있었다. 그들의 사상을 펼치는 데 "가족이라는 굴레는 방해꾼으로 작용한다."고 했다. 이같이 자기 스스로 뭔가를 향해 달려가는 사람은 외로움을 극복한다. 따라서 지금 당신의 홀로 있음에 너무 괴로워할 필요는 없다. 어차피 같이 있어도 외로움을 안고 사는 게 인간이다. 홀로 있는 당신은 더 나은 삶의 장점이 무궁하다. 또한 수많은 가능성이 열려 있다는 걸 알아야 한다. 그 장점을 잘 이용한다면 외로움을 느낄 시간이 사라진다. 이렇게 당신은 홀로 지내는 동안 살아감의 내막을 철저히 관찰하게 될 것이다.

거칠게 표현하면 '무자식이 상팔자다!'란 말도 있지 않는가. 이 말은 내 곁에 아무도 없다는 것에 대한 홀가분한 마음이다. 홀로 있으니 내 자신만 잘 돌보면 문제될 게 없다는 결론이다. 좀 더 고상하게 표현하면, 번뇌의 고리가 없다는 것과 상통한다. 더구나 최대한 고독을 즐기면서 살 수 있다는 말이다. 자기가 하고 싶은 거 다 하면서 산다는 것이다. 이것이 홀로 살아가는 매력이다. 또는 남다른 즐거운 인생을 보낼 수 있다. 굳이 제약된 테두리 안에서 본능을 잠재우면서 살 필요가 없다. 좀 더 비약해서 말하자면, 사람 사는 방식이 '함께 내지는 홀로 사는 것' 두 가지 아니겠는가? 홀로 지내는 것도 복이고 같이 지내는 것도 복이다. 홀로 사는 방식을 개척하다 보면 같이 사는 것이 얼마나 괴로운지 알게 된다. 궁극적으로 우리는 무의식적 따라감의 없음으로부터 의식적 벗어남의 가능성을 열어 놓고 살아야 한다.

46. 여기서 떠나 보면

내가 여기에 머물러 있으면 여기를 모른다
여기를 알기 위해선 어디든지 떠나야 한다
고향의 그리움도, 타인의 소중함도, 나를 찾아 나섬도
멀어지고 나서야 밝혀지는 사실이다

우리는 불타는 청춘을 보내면서 나를 방출하는 시간을 보낸다
그리고 나서야 시간이 흘러 나를 찾는 게 '우리 자신'이다
떠나고 난 뒤 소중함을 알았다면 결코 늦은 게 아니다
다시 찾아보고 또다시 떠나고 다시 찾는 게 사람살이다

47. 우리는 매일 새롭게 태어난다

우리가 사는 세상은 시시각각 변한다. 모든 게 한결같을 수 없
다는 불교의 제행무상(諸行無常)의 명제와 같다. 이처럼 어제
의 내가 오늘의 나와 다르게 나타난다. 따라서 지금 만나고 있
는 사람을 과거에 존재했던 사람이라고 생각하면 안 된다. 이
렇게 타인도 좋음이 되었든 나쁨이 되었든 변하고 있는 중이

다. 그래서 항상 우리는 그에 대한 대비를 하면서 살아야 한다. 우리의 뇌는 게으르고 새로움에 반항한다. 그래서 자주 오류를 범하는 게 사람들의 결정에 따른 오류다. 우리는 이 순간에 죽고 있으며 줄기차게 새로 태어나는 존재다. 살아감은 태어나고 죽고를 반복하는 여정이다. 여기서 우리의 책임은 살아감의 방향을 올바름으로 잡아야 된다. 그렇지 않는 사람과의 인간관계는 나를 파괴하는 길로 안내할 뿐이다. 주위에 모든 것은 내 자신은 물론이거니와, 어제와 다른 또 다른 존재와 만남이란 걸 명심해야 한다.

48. 잘 놀다 가는 인생

놀이하는 인간은 망각(忘却)이 기본이야
세상일에 대한 소화력이 탁월하지
자유로운 망각으로부터 놀이는 타락을 추구하지 않아
나를 지배하는 자유로움은 나에게 달려드는 놀이야
자유로부터 타락(墮落)의 무서움을 깨달은 사람은 달라
잘 놀다 가는 인생은 타락하지 않는 자유를 아는 사람이거든

49. 우리는 철학(哲學) 하기에 던져졌다

유일하게 자기 존재를 인식하는 인간. 또 죽음이라는 필연을 아는 인간. 지금 여기서 내가 있는 이유를 질문하는 인간. 그리고 우연 속에 던져진 나의 삶을 알아보는 인간. 궁극적으로 내가 지금 여기서 무엇을 해야 하는가를 탐구하는 인간. 그러한 인간은 모두 자기실존 이상을 살고 있는 중이다. 또한 자기를 스스로 인식하는 동물로서 철학을 한다고 할 수 있다. 자기를 인식하고 자기 존재의 근본 원인을 알아내려 한다. 그러한 사람은 최고의 자기 시선을 갖는 사람이다. 철학하기는 자기 삶의 영역을 만들어 내는 사람이기도 하다. 더불어 시대를 아파하고 진단하는 자세를 갖는다. 이렇게 자기 실체적 진실을 아는 사람은, 이 세상에 존재하는 '자신의 존재 이유를 알았다.'고 할 수 있다. 그렇게 함으로써 지금 여기에 있는 자신의 존재의 실체가 밝혀진다. 이러한 인간의 자기 관찰은 죽음이라는 운명 앞에 당당해진다. 이는 살아감의 책임 의식이 강력하다는 방증(傍證)이다.

　궁극적으로 우리의 철학은 언어로 표현되기를 거부해야 한다. 살아감을 개념화한다는 게 불가능하다는 말이다. 인간 철학은 누구나 표현 가능한-언어-객관적 관점이 아니다. 자신만의 관점을 정립할 때 비로소 철학자가 된다. 이 세계를 자신만의 주관적 관점으로 해석하는 과정이다. 유일하게 인간만이 사유하는 철학은 나를 나에게로 데려오는 여정이다. 또 내가 그리워하는 곳으로 이끄는 과정이다. 더불어 주변에 대한 무한사랑을 향한 찾아 나섬이다. 우리 모두는 언젠가 마지막이 도래한다. 인간은 마지막을 인식하기에 책임감을 갖는다. 그래서 인간의 사유는 책임 속에 아름다운 자기 관찰의 연속성을 갖는다.

50. 겸손한 저항

사람은 유한성을 인식하는 유일한 동물이다. 언젠가는 소멸하리라는 의식 속에 기거(起居)한다. 그러기에 산다는 것이 불안하고 초초하다. 세월이 흘러 뒤를 회상하게 되는 날이 올 거다. 종말을 앞둔 세상 사람 대부분이 이런 말을 한다. "뭣 때문에 이렇게 힘들게 살았을까. 좀 너그럽고 즐겁게 살걸." 또 인생 중반을 넘어가면서 이러한 말을 반복한다. 거칠게 표현하면 인간은 완성품이 아니다. 지금 당신은 완성되기보다는 지금을 얼마나 자기로 살아가는지를 질문해야 한다. 예를 들면 오히려 미친 듯이 웃고 사는 것도 한 방법이다. 이는 무심한 세상에 대한 겸손한 저항이다.

51. 자기충족예언

안타깝지만 현대를 들여다보면 인류가 창조한 본질은 소유를 목적으로 한 '사용 가치'가 대세다. 현대의 거대 담론은 모든 것을 '가치'라는 잣대로 재단한다. 그렇다 하더라도 가치는 그 이상의 쓸모를 말해야 한다. 인간은 가치를 무궁하게 생산해 내는 동물이다. '쓸모 있음'은 두루 좋음을 말할 수 있다. 한 인간이 여기 있음을 넘어 '존재' 의미를 제대로 알고 살아가는 것이 존재 지향적이다. 그러나 삶의 가치를 너무 심오하게 파고들면 자칫 진퇴양난(進退兩難)에 빠진다. 마치 우리의 숙명이 가치라는 가시적 상황을 내놓아야 하는 강박에 구속될 수 있다. 다만 삶에 대한 '가치 지향적 사고'만 가지고 있어도 충분하다. 그렇게 되면 자신도 모르게 그렇게 살게 된다. 따라서 우리는 가치에 매몰되는 어리석음으로부터 벗어나야 한다. 아울러 가치를 논하면서도 진정한 존재 방식으로 살아야 한다.

　인간 심리를 다루는 학문에 '자기충족예언'이란 말이 있다.

이 말은 우리가 이루고자 하는 일이 있을 때하는 무의식적 행동이다. 그 일을 지속적으로 생각하면 자연스럽게 내 자신이 변한다. 자신의 목적을 향해 무의식적으로 행동으로 옮긴다는 말이다. 따라서 스스로 자기 삶의 가치를 운운하게 된다. 그러면 어느새 가치 있는 삶으로 살아진다는 것이다. 우리는 살아감에 대한 자세를 꼭 뭔가를 이루어야만 가치 있는 삶이라고 생각해서는 안 된다. 그러한 강박에 처해 있던 사람들은 대부분 허무함을 느끼게 마련이다. 최소한 자기의 존재가 어떠한가를 묻는 것만 해도 충분하다. 내가 여기서 더 나은 나로 상승하겠다는 의지가 최고의 "살아감"이다. 더 나아가 가치를 넘어 보려는 의지는 그 이상을 만나게 된다. 그 이상은 올바르게 존재하는 방식이다. 이는 곧 나의 살아감을 강력하게 만드는 밑거름이다.

52. 꽃 바라기

꽃을 바라보는 나를 보았네
바람이 불자 꽃이 나를 바라보네
환하게 춤추는 꽃바람이 나를 살게 하네

나는 꽃에게 마음을 건넸다네
꽃향기가 나의 마음을 어루만지네

내 어지러운 마음이 예뻐졌어
예뻐진 마음은 늙지 않아 나를 살게 해
찰나의 바라봄과 영원한 꽃 바라기
그윽한 꽃 마음이 내 몸을 청춘으로 만들었네

53. 어머니 전(前) 상서(上書)

어머니!
어쩌면 이 편지가 바람 앞에 놓인 촛불과 같은 어머니께 드리는 마지막 글이 될 듯합니다. 돌이켜 보건대 어머니께 수많은 아쉬움과 죄송함을 넘어 슬프기도 합니다. 작금의 현실이 어머니와 자식 간의 인연(因緣)을 오래도록 허락하지 않음을 알았습니다. 지금 닥친 상황에서 저는 아무것도 할 수 없다는 사실입니다. 단지 어머니를 지켜볼 수밖에 없는 나약한 자식으로 남았습니다. 어머니와 함께 했던 추억이 새삼 되살아나는 건, 앞으로 어머니와의 이별을 예고하는 걸까요. 제가 어릴 적 어머니와 밭일을 포함한 농사일을 하면서 힘겨워했던 시간. 어머니께 잘못해서 매를 맞고 집에서 쫓겨났던 추억 등이 생각납니다. 또한 제가 타지에 나가 있을 때가 떠오릅니다. 멀리서 어머니를 뵈러 집에 오면 어머니는 시골 장에 다녀오시곤 하였지요. 아들이 좋아하는 낙지·홍어를 사셔서 무침을 만들어 주셨습니다. 그 안주와 함께 어머니와 막걸리 한 잔씩 주고받았던 생각이 납니다.

　어머니는 십여 년 넘게 아버지 병간호로 많이 지쳐 있었습니다. 그에 대해 자식들은 제대로 된 어머니의 수고로움을 모르고 살았습니다. 그저 어머니께 자식들의 어려움만 토로할 뿐, 정작 어머니의 아픔을 헤아리지 못하고 산 것입니다. 형편이 어렵다는 자식들에게 당신이 가진 것을 기꺼이 내어 주셨습니다. 세상 모든 부모님들은 자식들에게 향한 마음이 이와 같을 겁니다. 부모라면 그렇게 자식들에게 모든 걸 내어 줍니다. 하지만 부모님의 수고로움에 대한 마음을 일찍 알아채지 못하는 것이 지금을 사는 우리들입니다. 모든 게 익숙해지고 있을 땐, 그 존재의 소중함을 모른다고 합니다. 이렇게 아무 생각 없이 소홀했던 나의 인연들이 내 곁에서 멀어지기 시작할 때가 옵니다. 이같이 별안간 사람의 인연이 준비 없는 이별을 마주하게 합니다.

이와 같은 상황에서 어머니와의 작별이 가깝게 느껴지는 순간입니다. 한편으로 지금 어머니를 생각해 보니 자식으로서 최선을 다 했는가? 스스로 질문을 한답니다. 자식으로서 그동안 소홀히 했던 것이 못내 아쉬움으로 남습니다. 어머니께서는 며느리, 자식들에게도 싫은 소리 한마디 안 하시고 사셨지요. 평소에 말씀이 없으셨던 어머니는 정작, 당신의 울분은 가슴에 묻어 두고 말입니다. 자식들 가정의 평화를 위해 기꺼이 당신의 주장을 말씀하지 않으셨습니다. 이제야 꺼져 가는 불을 보듯 어머니를 바라보는 저의 마음이 못나 보이는 시간입니다. 어머니도 여인이고 한 인간인데 말입니다.

어머니!

어머니께서 자식들에게 베푸신 은혜에 대해 다시 생각해 보겠습니다. 아울러 자책하는 슬픔으로만 생각하지 않겠습니다. 저도 아이를 키우면서 느끼는 거지만 자식들에게 아까운 게 뭐가 있겠습니까. 부모 마음이 이럴 겁니다. 소중한 나의 자식들의 행복이 부모의 행복과도 같겠지요. 어머니! 자식들에게 순간순간 서운하고 서러우셨을 겁니다. 이에 대해 어머니께 죄송하다는 말밖엔 드릴 말씀이 없다는 게 저의 변명입니다. 부디 어머니 마음속에 이러한 마음이 오래 머물지 않기를 빌겠습니다. 저의 마음이 많이 무거우나 부모와 자식 간의 연

(緣)도 자연의 일부라고 생각합니다. 지난 우리의 인연은 나름 즐거웠고 행복했던 순간도 많았습니다. 비록 지금 어머니의 기억이 흐릿해지긴 했어도 저와의 즐거운 대화는 기억에 남으시겠지요.

어머니!

어머니와의 작별 연습을 슬픔으로만 채우지 않도록 하겠습니다. 어머니께서도 슬픈 이별을 바라지 않으실 거라고 믿고 있습니다. 받아들이기엔 괴로우나 어머니의 지치고 힘드신 현실을 충분히 알고 있습니다. 이젠 어머니 인생에서 그 많은 수고로움을 덜어 낼 시기가 된 것 같습니다. 얼마나 그동안 고생하셨습니까. 어머니께서는 이제 모든 걸 내려놓으시고 쉬실 시간이 되었습니다. 어머니의 현재 지치고 힘든 상황이 더 이상 고통으로 연장되는 걸 저는 원하지 않습니다. 다만 편안하게 주무시는 모습을 보고 싶을 뿐입니다.

사랑하는 어머니!

저와의 인연을 만들어 주셔서 감사했습니다. 그리고 저에게 한없는 사랑과 응원을 끝까지 해 주신 점 기억하겠습니다. 저도 똑같이 저의 자식들에게 그렇게 하도록 하겠습니다. 어머니의 아들은 이 세상에 태어나 나름 많은 것을 보고 깨달으려고 노력 중입니다. 어머니 덕택으로 이 세상을 보는 눈이 많이 넓어지고 깊어졌답니다. 바라건대, 어머니의 의지로 조금만 더, 조금만 더, 저와의 인연을 이어 간다면 정말 기쁠 겁니다. 하지만 그렇지 않다고 하더라도 저는 슬퍼하지 않겠습니다. 그 이유는 이젠 어머니는 쉬셔야 하니까요. 어머니! 너무 힘들어하지 않으셔도 됩니다. 이젠 어머니께서 가시고자 하는 길로 편안하게 가셔도 됩니다.

사랑하는 어머니!

우리의 인연은 기쁨이 있었고 즐거움도 많았습니다. 부모 자식 간의 인연으로 만나 작별이라는 숙명도 함께해서 행복합니다. 이 모든 것을 아버지·어머니의 자식으로 태어난 기쁨으로 생각하겠습니다. 지난 수많은 어머니와의 추억 중 어머니의 낙지·홍어 무침과 막걸리 한 잔! 정말 최고였습니다! 영원히 제 가슴속에 즐거웠던 추억으로 간직하겠습니다.

사랑하는 어머니!

저는 지나간 슬픈 기억은 지워 버리고 어머니에 대한 아름다운 그리움만 남기겠습니다. 부디 가을에 나는 나비처럼 높이 날아가시길 빌겠습니다.

사랑하는 어머니!

저의 희망을 한 가지 덧붙이자면 또다시 어머니를 뵐 때 눈을 한 번만 떠 주시고 "아들이 왔구나!" 이 한마디만 해 주시길 간절히 희망합니다.

사랑하는 어머니!

54. 그럼에도 불구하고

살다 보면 한 가지 분명한 게 있다. 세상은 내 마음대로 돌아
가지 않는다는 사실이다. 하지만 우리는 그래! 다시 한번! 이
라고 외친다. 무심한 세상에 던져진 삶에 대한 책임 있는 자세
이다. 우리가 '그럼에도 불구하고'를 오늘도 내일도 영원히 되
새기는 이유가 있다. 사람살이가 그렇기에 그래야 한다. 그럼
에도 불구하고 사람살이가 그래야 하기에 그렇다. 그럼에도
불구하고 말이다.

55. 자연과 인간의 치유(治癒)법

자연은 자연에서 치유된다는 자연스러움
인간도 자연에서 치유된다는 자연스러움
인간도 자연이기에 그렇다는 자연스러움

경이로운 자연을 이해하는 사람은
자연에서 참으로 예쁘다
자연으로 돌아간 전설이 말 하더라

56. 신앙은 살아 있다

종교는 홀로서기에 힘든 사람들을 위한 '안식처'임에 분명하다. 또한 자기 수양의 발판을 마련하는 길잡이 역할을 한다. 종교를 갖는다는 의미는 절대적 믿음이 우선이다. 믿음이란 의심을 제거하고 오로지 절대자에게 향하는 마음이다. 이로써 내 마음이 편안하다면 종교적 성취감은 높아진다. 그리고 그 안에 기거하면 종교심은 최고로 상승된다. 이와 같이 신앙이 주는 효과는 분명하다. 아울러 인간에게 불확실함에 대한 명확한 두통약이다. 따라서 절대자를 의심하지 않는 신앙심은 나를 천국으로 이끈다. 그에 대한 전제 조건이 있다면 '나'라는 존재를 의심하지 않으면 된다.

57. 진실의 속성

내가 알고자 하는 진실을 갈구할 때 불편하다
아는 게 병이다
하지만 진실을 외면하면 편해진다
모르는 게 약이다
진실을 알고자하는 불편함과
진실을 외면하는 편안함은
자기의 선택이다

불편함은 의지로 나타나고 편안함은 게으름으로 표현된다
자기 삶의 질은 오롯이 나의 의지에 달려 있는 문제다
좀 재미를 보려면 두근두근 사는 것도 좋다

58. 의미를 외면하기

산다는 것은 자기 스스로의 표현이다. 게다가 자유를 바탕으로 충분히 자기를 나타내는 활동이다. 그래서 살아감의 유쾌함을 유지하고 자기표현이 아름다워야 한다. 반면, 애써 모든 일에 '의미'를 부여한다면 참으로 힘들게 사는 거다. 때론 가벼워져야 할 부분도 있다. 굳이 의미를 생산하기보다 지금을 있는 그대로 바라봐야 한다. 이어서 내가 할 수 있는 일에 견디고자하는 자세가 필요하다. 한편 우리는 의미라는 틀 속에서 헤매는 일이 없도록 해야 한다. 이러한 살아감이 나의 길을 표현하는 시선이다. 나의 고유한 표현은 누가 뭐라 하든 상관없이 직진하는 '고집(固執)'으로 나타난다. 그리고 삶의 의미를 따지기 전에 자기 삶의 책임이 무엇인지 스스로 묻는 일이다.

59. 좋은 사람 만나기

나를 제대로 아는 사람은 다르다. 그래서 나를 가르치는 사람을 만난다. 좋은 사람을 만나는 것은 내가 좋은 사람이기에 가능하다. 여기서 곰곰이 생각해 보기 바란다. 나에게 좋은 사람이 나타나지 않는 경우는 간단하다. 내가 좋은 사람이 아니기 때문이다.

60. 마음아!

오늘도 나는 너와 함께해!
처음엔 나의 마음이 내 마음인 줄 알았지
근데 그게 아니더라
이제야 알았어
내가 보고 느낀 감정이
내 마음에게 말했다는 걸

마음이 내게로 와
나의 마음이 되었다는 걸
이제야 알았어
이제는 내 마음에게 맛있는 친절을 보낼게
마음아! 부탁해!
좋은 마음으로 내게로 와 줄래!

61. 무사유(無思惟)의 비극

인간으로 태어난 이상 생각하면서 살아야 한다. 우리는 생각

없는 동물이 아니다. 사유(思惟)의 게으름은 동물과 같다. 생각이 많으면 많을수록 인간다움이다. 무사유(無思惟)의 엄청난 결과는, 한나 아렌트의 『예루살렘의 아이히만』의 집필에서 발견된다. 유대인 600만 명을 학살한 재판장의 아돌프 아이히만이 있었다. 그에게서 발견된 '악의 평범성'의 바탕에 '무사유'가 깔려 있음을 한나 아렌트는 말했다.

62. 이태석

사람이 할 수 있는 가장 아름다운 일을 했던 사람. 자기 믿음에 대한 실천적 실행가. 죽어서도 살아 있는 영원한 영혼의 소유자. 가장 어두운 곳을 밝게 만들었던 아름다운 사람. 신적인 존재를 의심케 하지 않았던 불멸의 개척자. 나는 그를 사모한다. 그가 보여 준 결실은 우리에게 인류가 무엇인지 가르쳤다. 그는 연민과 동정이 아닌, 진실된 사람 관계를 보여 줬다. 그리고 실천했다. 윤시내의 '열애'를 부르기를 좋아했던 사람. "이 생명 다하도록 이 생명 다하도록 뜨거운 마음속 불꽃을 피우리라! 태워도 태워도 재가 되지 않는 진주처럼 영롱한 사랑을 피우리라!"나는 이태석을 기억한다.

63. 강력한 살아감을 위해

곰곰이 생각해 보기 바란다. 이 세상은 나 하나쯤 사라진다고 변화되지 않는다. 아무것도 변화되지 않고 그냥 돌아간다. 그래서 이 무심하고 냉정한 세상에서 우리가 할 일이 있다. 충분히 반항하고 충분히 저항하면서 부조리한 세상을 견디는 일이다. 사람들이 공통적으로 죽음에 임박해서 가장 후회하는 것이 있다. 살면서 내 자신을 표현하는 데, 다른 사람의 눈치를 보면서 살았던 것. 또한 나를 드러내지 않고 대중의 의견에 묻혀, 적을 만들지 않으려 했던 것이라 한다. 아울러 나를 위해 살기보다는 '타인을 위한 삶에 비중을 두었던 것'에 대해 후회를 가장 많이 한다. 나의 주장을 이야기하는 데, 모두가 동의하는 것은 어려운 일이다. 그러나 적을 만들지 않겠다고 나의 안전만을 추구하는 행위는, 나를 소멸시키는 나약한 행위다. 게다가 나를 표현하는 데 머뭇거리면 아무도 '나'라는 존재를 모른다. 이러한 처세술은 타인으로부터 이방인으로 취급받는다. 따라서 자신을 위한 삶이 얼마나 소중한 일인지 알아야 한다. 그래야 나눔도 봉사도 할 수 있다. 자기 삶은 자신 스스로에게 달려가는 살아감이 옳다. 이렇게 살아가는 것이 책임 있는 살아감의 전제 조건이다.

64. 의식적 벗어남

나를 무참히 던져 놓은 세상이다. 아무런 의지를 발휘하지 않았는데 던져진 삶이다. 우리는 만들어지고 계획된 시스템에 살고 있다. 자유스럽지만 구속된 삶이다. 집, 학교, 직장, 핸드폰, 국가, 제도, 관습 등등. 이같이 우리는 자유스럽다 할 상황 속에서도 스스로 구속당하고 산다. 그래서 무의식적으로 구속되어 있기에 허무함을 느낀다. 반면 자연으로 돌아가 보면 안다. 자연으로의 복귀는 무의미를 아는 길이다. 무의미가 '자연'이다. 그리고 자유를 느끼는 유쾌함을 발견한다. 그곳에서 자유를 느끼는 데, 권태나 허무함이 들어설 자리는 없다. 우리가 지금을 의심해 보는 의식적 벗어남의 실체는 '자유'로의 질주다. 자연으로의 복귀는 나를 자유롭게 하는 지름길이 될 것이다. 그곳에서 벌어지는 일들은 '나의 존재'를 드러내는 체험장이다. 이윽고 의식적 벗어남은 자유의 획득으로 이어진다. 여기서 타락(墮落)의 근거는 사라진다. 나를 데려오려는 자유는 우리가 갈구하는 귀향의 목적이다.

65. 막산다는 것

사람은 순간적인 느낌을 바로 아는 동물이다. 이와 같이 인간은 '메타 인지'의 능력을 가졌다. 내가 느낀 바로 '너무했다.'라고 생각되면 시행착오를 멈추게 된다. 그러나 생각 없이 산다면 '막 산다.'고 한다.

66. 어떤 것도 남지 않을 운명

내가 지금 여기에 있다는 사실이 중요하다. 나의 존재가 사라질 때 의미는 없다. 아무리 나를 기억하는 사람이 많다 하더라도 그것은 허상이다. 나에겐 아무런 의미가 없다. 나의 부재(不在)가 남기는 것은 나에게 없음이다. 사라지는 것은 없음이며 나타나지 않는 존재다. 이렇게 아무것도 남지 않을 우리다. 어김없이 세상의 기억은 사라지고 끝은 도래한다. 유일하게 끝을 인식하는 우리! 아무것도 나에겐 남는 것은 없다. 새로운 것이 낡고 쓸모가 없어지듯, 우리의 삶도 낡고 쓸모없음이 다가온다. 모든 것이 사라지고 의미가 없어지는 날은 내 자신이 부재(不在)할 때다. 그래서 지금 여기의 순간이 의미일 뿐이

다. 당연히 놓치지 않아야할 시간이 지금 이 순간이라는 사실
이다. 한적한 곳에서 나를 한 번 바라보노라면 이렇게도 허무
하고 짠하게 느껴지는 게 '나'라는 존재다.

67. 왜 사는가?

왜? 우리는 살아가는 걸까
"그럼에도 불구하고"
"그럼에도 불구하고"
또 "그럼에도 불구하고"
살아간다

사람이니까 살아가는 거지
그래도 살아가야 하니까
그래서 우리는 살아가는 거야
나를 책임지는 사람이잖아

우리는 넘어지는 곳에서 일어나야 해
그럼에도 불구하고 그것이 사람의 살아감이잖아

68. 고향의 진심

내가 품은 가장 안락하고 편한 곳
소박함이 있더군
고향은 일부러 자랑하지 않았어
겸손함이 있더군
고향은 많은 걸 늘어놓지 않더라
단순함이 있더군
소박하고 단순하고 겸손함이 좋아
자연이 자랑하는 있는 그대로야
사람도 그래야 해

69. 부모와의 이별(離別)

사람이라면 누구나 한 번쯤 가장 가까운 사람과 이별을 경험
한다. 그중에 부모와의 이별은 우리들이 겪는 일반적 헤어짐
이다. 내가 세상에 태어나 마주치는 첫 번째 인연이 부모님이
다. 그리고 성인이 될 때까지 부모의 보살핌을 받는다. 이 또
한 사람이 할 수 있는 지극한 사랑을 바탕으로 이루어지는 가

장 가까운 인연이다. 그러나 인류가 늘 그래 왔듯 부모는 영원히 자식 곁에 있을 수 없다. 우리의 삶과 죽음이 자연의 한 조각인 것처럼 우리들의 만남과 이별도 숙명적이다. 그래서 우리는 항상 만남과 동시에 이별을 생각하는 자연적 동물이다. 한편으로 부모와의 이별에 국한한다면, 우리는 부모의 늙어감을 관찰하고 느슨한 이별을 기대한다. 그러나 삶의 끝자락을 인식하는 우리다. 그리고 부모와 이별의 시기를 의식적으로 달고 산다. 불효부모사후회(不孝父母死後悔)란 말이 있다. 부모에게 효도하지 않으면 돌아가신 뒤에 뉘우친다는 말이다. 이러한 말이 무슨 소용이 있겠는가. 우리 사는 세상에 아무리 정성을 다해도 후회할 일이 한두 가지인가? 인간이 하는 행위가 그렇다. 모든 게 아쉬움이 남는 게 우리들의 인생이다. 그러나 우리에게 물어야 하는 것은 최고가 아니더라도 최선을 다했는가가 중요할 것이다.

이 시점에서 바라본 나의 세계는 분명히 다른 세계로 진입이다. 그 존재 하나로도 의지가 되었던 부모와의 헤어짐은 새로운 국면을 맞이한다. 아니, 그래야 한다. 결코 슬퍼하거나 아쉬워할 일이 아니다. 잠깐의 애도의 감정은 유지하되 유쾌하게 나의 독립을 선언하고 힘차게 살아갈 준비를 해야 할 일이다. 오히려 삶의 강력함을 선물하고 떠나신 부모님께 감사해야 할 따름이다.

70. 인문학(人文學)의 강력함

인문학(문학, 사학, 철학)적 소양이 강한 사람은 마음근력이
상당히 단련되어 있다. 당연히 사람 사는 세상에서 강력한 힘
을 발휘할 수 있는 내적 역량을 갖추게 된다. 이에 따른 세상
살이의 역경을 슬기롭게 헤쳐 나갈 수 있는 힘을 발휘한다. 누
구에게나 세상살이는 매일 나에게 달려드는 숙제와도 같다.
해결하지 않으면 쌓이고 쌓이는 게 숙제다. 그리고 사람에게
주어진 책임에 대한 세상이 던지는 과제의 연속이다. 이를 회
피하고 비켜 갈 생각이라면 인간으로서 갖추어야 할 기본을
상실한 경우이다. 그럼에도 불구하고 우리는 어떻게 해서든지
살아야 하는 운명이다. 그와 더불어 내 자신을 극복해야 그 숙
제는 나에게 지혜가 된다.

요즘 방구석에 틀어박혀 스스로를 가두는 청년들이 늘고 있
다고 한다. 나는 이러한 내적 허약함이 복합적인 원인에 의해
나타난다고 생각한다. 여기에 어른들이 마련한 사회적 성공
기준이 높게 설정된 오류도 있다. 따라서 정치가 올바른 나라

는 이를 심각하게 받아드리는 정책을 세우는데, 우리의 정치는 어떤가? 그야말로 집단 이기주의의 전형을 보여 주고 있지 않는가? 민생은 몰라요! 개인은 도덕적이나 집단에만 편입되면 상놈이 되는 세상! 이렇게 인간은 개별적으로 현명하다고 하지만 이익을 따지는 이해관계가 들어서면 이기적으로 변하는 습성을 가졌다. 그러한 세상에서 어쩌면 젊은 청년들이 숨 막히는 각자도생(各自圖生)의 희생자가 되는 게 당연한 일인지도 모르겠다.

그럼에도 불구하고, 청년들이 스스로 패배자가 되기를 두려워하지 않는 것이 문제이다. 이러한 반응은 어떠한 경우에도 자기 정당성에 위배된다. 그 이유는 인간에겐 세상에 던져진 자기 삶의 책임이 따르기 때문이다. 살펴보면 일부 젊은 청년들이 삶의 숙제를 두려워하는 이유는, 마음 근력이 약화되었다는 방증이다. 마음 근력을 강화하는 데 인문학보다 더 나은 대책이 있는가? 생각하는 인간의 사고력의 높은 질은 지식과 경험의 누적과 비례한다. 그래서 죽을 때까지 공부하고 경험을 쌓기 위해 스스로를 단련시킨다. 이러한 슬픈 사회 현상의 밑바탕에는 자본주의 교육이 생산 인력 배출에 전력한 나머지 인문적 학습에는 소홀한 원인이라 생각한다.

이제부터라도 스스로 자기 마음 근력을 키우는 운동을 해야 한다. 스스로 보고 스스로 듣기 위해서이다. 이 험한 세상에서 살아가기 위한 인간에게 주어진 책임 과제에 대한 '숙제하기' 이다. 젊은 청년들이여! 나의 살아감의 책임을 깊게 고찰하고 무엇이든지 도전하는 자세를 갖자. 거칠게 표현하면 어디를 가든지 나의 의지만 있다면 '밥벌이'가 널려 있는 게 자본주의 사회 환경이다. 나의 의지 하나만으로 찾아지면 찾아지는 게 우리들의 사회이다. 두루 살펴보면 너무나 많은 가능성을 배태(胚胎)하고 있는 청년 시절이다. 한 번뿐인 청춘은 다시 돌이킬 수 없다. 스스로 그 푸른 청춘을 시들게 하면 스스로에게 반칙이다.

71. 살아감을 찾아 나서는 삶으로

우리의 '삶이 강력할수록' 인식의 세계는 그만큼 더 넓을 것이다. 그 세계는 내가 여기 있음을 넘어 나의 존재를 밝혀내는 다가감이다. 또 삶의 강력함은 나 혼자만의 세계를 만든다는 의미가 포함된다. 그래서 이 세상에서 내 자신 스스로 살아가는 내적 힘을 반드시 가져야 한다. 사람이 할 수 있는 정의로운 상승 의지로 생성하는 역량을 겸비하자는 말이다. 또한 나의 힘을 기르고 우리의 동반자(同伴者)들과 함께 상승하겠다는 '의지'이다. 따져 보면 우리는 이 세계를 전부 공부할 수 없다. 또한 전부 알 수도 없다. 그래서 진리 또한 알 수 없으며 발견되지도 않는다. 다만 내가 여기서 믿는 바가 진리다. 참된 진리는 아니더라도, 서로 공유하는 지점이 많다면 그것이 진리가 될 것이다. 참된 진리는 멈춰 있지 않다. 진리는 우리가 인식하는 단계에서 조금씩 앞서 있다. 궁극적으로 우리는 진리의 모호함을 견디며 살아야 할 책임만 있을 뿐이다.

현실적으로 우리는 궁극의 최종적 결말을 보겠다는 욕심에서 겸손해져야 한다. 다만 우리에게 다가오는 살아감을 찾아 나섬이 우선이다. 그에 따라 살아감이 무엇인지 질문하는 자세가 필요하다. 따라서 우리가 할 수 있는 일은, 나의 밖의 세계를 탐구하는 '찾아 나섬'이 돼야 한다. 우리가 여기에 있으면서 할 수 있는 일이 무엇인가가 중요하다. 강조하자면, 나의 실체적 삶이 무엇인지 공부해야 한다는 사실이다. 이와 더불어 살아감에 대해서, 나에게 던지는 질문을 중단해서는 안 된다. 궁극적으로 밝혀 봐야 할 우리들의 탐구는 "무의식적 따라 감에서 의식적 벗어남"의 시작부터 비롯될 것이다.

2부

네오위버멘쉬를 위하여

1. 인간은 알 수 없는 무한 과거로부터 현재를 살피고 있는 중이다. 동물과 달리 세계를 인식하는 현실적 존재이기도 하다. 그렇다면 현재의 우리는 무엇으로 사는가? 여기서 궁극적으로 내 자신이 열려 있는 현 세계를 밝히려는 의지가 있을까? 이러한 물음은 나의 살아감의 책임으로 다가온다. 아울러 지금까지 밖으로 던져진 삶을 되돌리는 '귀향'을 꿈꾸어 본다. 이것이 나에게 묻는 현재의 설움이다. 이로써 스스로에게 달려드는 미래의 책임을 밝히려 한다. 미래의 책임 사상은 가능성을 열어 놓는 '찾아 나섬'에 있다. 찾아 나섬에 대한 나의 각오는 무엇인가? 나는 여기 있음으로써 지나감과 다가옴의 무거운 교량(較量)의 중심에 서 있다. 나는 현재 올바르게 여기 있는 걸까? 매 순간의 선택이 교량의 1인칭-주체적 자각-으로 표현될 수 있는가? 내 자신은 대중 속 주변인의 비루함으로부터 얼마나 자유로운가? 그래서 인식하는 '자기'로 격상시키려는 의지는 무얼까? 지금 이 순간을 느끼는 감정이 존재한다. 때론 이 무대에서 주인공이 아니라는 현실적 도피도 있다. 그러나 어차피 주인공은 하나라는 엄격함에 굴복해야만 하는가? 아니면 스스로 주인공이 되고자 하는가? 그렇다면 교량의 역할은 어떻게 표현되는가? 이는 1인칭인 나와의 직접적 대면이 필요하다. 즉 나와의 끊임없는 대결의 연속성이다. 여기서 말하는 교

량의 역할은 양면을 비교하여 따져 보자는 말이다. 교량의 위치는 뒤로도 앞으로도 갈 수 있는 가능성을 내포한다. 교량이란 지나감과 여기 다가옴의 전체다. 이로써 시간성의 연결에 존재하는 나의 역할이 발휘된다. 물론 교량은 표현의 공간이기도 하다. 그 표현은 '나의 책임에 따른 결심'으로 이어진다.

모든 행위가 현재를 사는 교량이라 할까? 우리는 이 세계 속 관계의 복잡성에 노출되어 있다. 이러한 세계에서 대중이라는 연결망으로부터 우리는 얼마나 자유로운가? 지금은 개별적 존재를 드러내지 않는 것이 대중 속 일반화다. 하지만 자유로움이 표현되는 지점은 거대 담론에 저항하는 의도에서 발아된다. 반면 개인적 안위(安位)가 우선시되면 대중으로부터 탈출하기 어렵다. 그에 따라 자유라는 표현은 약화된다. 그리고 날이 갈수록 대중은 어리석어진다. 이윽고 대중 속 정치는 영웅을 갈망한다. 그 결과 거대한 대중의 갈등을 먹고사는 이들이 많아졌다. 알다시피 대중적 인간은 과학을 앞세워 자연을 스스로 소외시켰다. 그리고 과학을 숭배하게 되었다. 게다가 대중은 우상을 만들어 눈만 껌벅거리고 있는 중이다. 그로부터 우리 자신도 불안과 소외로부터 자유롭지 않다. 여기서 지나감과 다가옴의 현실을 질문한다. 그리고 내 스스로 위버멘쉬를 능가하는 '네오위버멘쉬'가 되고자 한다.

2. 인간의 자격을 갖추는 사상적 탁월함. 지극히 살아감의 책임감을 느끼는 발상이다. 또 세상 보는 시야를 구조적으로 탐구하는 사고력의 창출이다. 구조적 탐구는 지나감과 여기를 살피는 일이다. 아울러 다가옴의 이야기를 서사적으로 만들어 내는 살아감이다. 이는 다양한 지식을 바탕으로 경험의 세상을 해석하는 능력으로 말할 수 있다. 이를 근거로 사유(思惟)의 진보가 축적된다. 더불어 경험의 세상 밖으로 나아감이다. 이렇게 다양한 생각거리에 노출되는 이유가 있다. 그것은 지식의 펼침이자 살아가는 그 자체다. 그로부터 삶에 당위성의 확보는 가능해진다. 이윽고 깨어 있음은 물론, 무의식적 따라감이 주는 허무함의 의심이 시작된다. 그 의심스러운 주체는 내 자신이며 변화와 생성을 바라는 의지이다.

이제부터 기존 사상으로부터 질문을 가져와야 한다. 말하자면 역사로부터 이어 온 우리의 살아감에 대해, 질문에 답하면서 산다는 결론이다. 그래서 지나감과 여기 있음 다가옴에 대한 교량이 된다는 의미는 질문에 따른다. 그러한 질문 속에 나의 존재를 밝혀 보려는 의지가 담겨 있다. 이는 시간이라는 연결과 연속성의 실체를 제대로 아는 것이다. 또 감각적으로 지나감과 여기 있음을 포함한 다가옴을 알아채는 순발력이다. 따라서 연속성은 실존-나를 드러내는 과정-을 바탕으로 이루

어진다. 그리고 나에게 다가섬이 될 것이다. 또한 서로 연결
된다는 다가섬의 의미는 하나로 창조된다는 것과 같다. 이러
한 현실적 세계는 인간이 살아야 하는 지침으로 다가온다. 이
를 '관계 맺음'이라 할 수 있다. 여기서 관계 맺음은 대중 속으
로 침투하는 게 아니다. 역설적으로 나로 돌아온다는 뜻과 아
울러, 나와의 대결의 시작이다. 궁극적으로 관계 맺음의 실체
는 '나'를 독립시킨다는 뜻이다. 달리 표현하자면 저 멀리 던져
진 나를 찾는 과정이다. 설령 꿈이라 하더라도 이제부터 잃어
버린 나를 데려오는 여행을 시작한다.

3. 과거가 되고 미래가 되는 현재를 뭐라 할까? 순수하게 살아
감의 의미와 재미를 연구하는 시점이다. 이것을 살아감을 평
가하는 여기 있음으로 말할 수 있을까? 현재 인식은 인간이 갖
는 실존적 가치를 생산하는 창조 정신인가? 우둔하게도 시간
이라는 관념을 없애는 방법이기도 하다. 하지만 그러기에 인
간은 너무 많은 시간적 창조를 단행했다. 시간이라는 관념을
버릴 수 없는 사고는 목적론적이다. 그래서 창조하는 정신을
고양하기에 이르게 된 것이다. 인간이 시간을 발명하지 않았
다면 어떻게 되었을까? 아마도 지금의 고도로 발달한 세상은
탄생하지 않았을 것이다. 다만 여기에 있을 뿐으로 나타나지

않았겠는가? 극히 자연적이라고 말할 수 있는 지점이다. 있는 그대로의 나로서 재미를 만끽하는 실존적 존재 말이다.

여기에 있는 그대로인 실존은 시간과의 대결일 수 있다. 따져 보면 "나는 과거, 현재, 미래를 산다."고 말하면 '시간을 산다.'는 명제만 남는다. 불행하게도 우리는 시간을 발명하고 스스로 구속됐다. 이로써 미래에 대한 불안은 시간의 폭력에 노출된다. 유한성이 주는 강력한 시간 감옥이다. 또 현재는 계획과 실천을 전제로 하는 삶이 전부다. 그 속에서 피어나는 꿈들은 현실을 이루기 위한 발버둥과도 같다. 여기서 나타나는 발버둥의 의미는 전쟁과도 같은 생존 경쟁으로 발전한다. 살펴보면 현재를 누가 살고 있는가가 중요할지도 모른다. 또 누가 오래 남아 있는가도 중요하다. 인간의 비참함과 굴욕이 세상에 던지는 질문이다. 알겠는가! 불행히도 인간은 살아져야 하는 운명이다. 살아간다는 것이 자연스럽지 않다면 굴욕이라 말할까. 인류는 이러한 필연을 느끼는 운명 앞에 놓여 있다. 그리고 진화를 거듭한 결과 살아감을 고민하는 인간이 되고만 것이다. 자연에서 나왔지만 자연으로부터 가장 멀어진 존재가 인간 아니겠는가? 본능적 감각을 애써 퇴화시켜야 하는 불완전한 이성적 인간이다. 이것이 이성적 인류의 '시간 감옥'이 낳은 진보였다.

시간에 의한 자연으로부터 멀어진 인간은 어떻게 존재 가능성을 열어 놓는가? 사유함으로써 과거 현재 미래를 인식하는 인간! 그래서 살아감의 실체를 탐구해야 한다. 그에 따라 나를 오롯이 발견하는 지점은 고독의 발견이다. 이는 단순히 여기 있다는 사실로 나타나지 않는다. 반드시 '나'라는 존재를 알아야 하는 전제 조건이 따른다. 그래서 존재로 달려가는 나를 밝혀야겠다. 이제 버려진 나의 존재를 데려오려 한다. 그리고 현재를 호흡한다. 당신에게 어느 날 소스라치게 놀라는 순간이 올 것이다. 도둑처럼 침입하는 정신을 일깨우는 번개 소리. 도둑-나의 정신을 훔치는-이 말하는 "지금을 너는 어떻게 살고 있는가?"라는 질문이다. 이때가 비로소 잃어버린 당신을 데려올 준비를 시작한다. 비록 이 순간이 당신을 모르도록 유혹하더라도 말이다. 그래서 너의 의지는 살아 움직여야 한다. 그때 너의 비극을 사랑하게 될 계기가 될 것이다. 역사적으로 인간 운명의 비극은 새로울 게 없었다. 인간은 불행하게도 시간을 살았을 때부터 비극이었다. 그다음 비극을 극복하기 위한 희극에 도취된 역사를 만들었다.

4. 인간은 무엇으로 사는가? 본능에 의한 권력 감정을 드러내는 야수로 산다. 그래서 인간은 자신을 현재에서 가장 내밀하

게 아는 동물이다. 물론 스스로를 포착하는 동물이기도 하다. 이윽고 가장 슬프고도 기쁘게 다가오는 실존이다. 그러한 자신을 반기는 순간이 온다. 선악을 비켜 간 자기 힘의 성취로 기쁨을 누리는 비도덕적 인간으로 거듭난다. 굳이 사는 방식이 옳아야 한다고 주장할 필요는 없다. 우리는 모름지기 타인으로부터 인정받기 위해서도 존재한다. 허나 인정받기 위함이 쓸모없음이 확인되기도 한다. 이러한 발견은 '나를 사는 것이 나'이기에 가능하다. 인간의 쓸모는 나에게 달려 있는 문제임과 동시에 살아 냄의 책임이기 때문이다. 그리고 그 쓸모는 오로지 나만이 느껴야 한다. 그러므로 내 자신이 타자에 의해 평가되는 건 슬픔과 동시에 비루함이다. 다만 서로가 어울려 찾아 나서는 열정의 고리를 만들 뿐이다. 그래야 인간의 본질적 탐구는 사라진다. 이어서 인간 본질을 찾을 이유가 없어진다. 또한 인간 본질을 애써 규정지을 필요가 없다. 그 이유는 인간은 도구가 아니라 고유한 자기 생각으로 사는 동물이기에 그렇다. 인간을 정의 내리는 것이 불가능한 게 인간이라는 작품이다.

5. 인간은 어떻게 사는가? 인간 역사의 세계를 따져 보면, 가장 비참한 노예의 삶도 있었다. 그럼에도 불구하고 노예의 삶은

지속되었다. 역사 속 노예의 살아감은 고통스런 희망으로 가득한 비루한 선물이었다. 그리고 인류는 역사를 기록했다. 지금도 '그럼에도 불구하고'가 인류 역사에 쓰여지고 있는 중이다. 이는 영광스럽게 우리 마음속 깊숙이 자리 잡은 신념으로 남아 있다. 인간 역사는 다시금 그럼에도 불구하고를 살고 있다. 이 무심한 세상을 견디면서 말이다.

여기서 무심한 인간 역사를 되짚어 보자. 인간은 600만 년 전, 침팬지와 분리돼 진화를 거듭했다. 그로부터 문명 생활을 시작한 지 불과 6,000년의 짧은 기간이 있다. 이와 같은 짧은 인류 역사를 살펴보면, 인간은 본능이 우세한 동물이다. 하지만 이러한 세월을 두고도 인간은 동물적 본능을 뒤로한 채 이성적 동물이라 자부한다. 더불어 시간으로 분리된 과거, 현재, 미래의 사고력을 지녔다. 시간을 살면서 지난 역사의 깨달은 사상가들은 인류의 '사해(四海)동포주의'를 공통적으로 말했다. 이에 합당한 우리의 변명은 인류의 원초적 뿌리는 하나였다는 사실이다.

인류의 뿌리는 '같음'으로 출발했다. 여기서 지향해야 하는 질문이 발아된다. 인간이 근본적으로 추구해야 할 '이상'이다. 수천 년이 흐른 뒤에 바라본 철학의 다짐은 이렇게 표현된다. 인간은 서로 '같음'이라는 존재 안에 있는 운명이었다. 인간은 누구에게도 들키지 않으려는 낮은 목소리로 속삭인다. 그 속삭임의 실체는 서로 사랑하는 존재로 남고 싶은 원초적 본성이다. 지나간 2,500년 전부터 내려온 사상가들의 공통된 고민은 서로 '사랑'이었다. 그들은 무엇보다 자연과 함께하는 재미와 놀이를 말했다. 그러나 인간은 그 본능적 사랑을 버리게 되었다. 오늘날 불완전한 이성적 가면은 오늘을 사는 인간 동물에게는 어색하기에 그지없다.

6. 이론이 필요하다! 인간 이성의 불완전함을 보완하려는 여우 같은 교활함이다. 뭐라고? 보자! 이론이란 사회현상의 법칙성을 발견할 수 있는 장점이 있다. 이를 토대로 미래를 예측한다. 이론은 개념을 이용하여 수행되는 객관적 실재의 반영이다. 과학의 본질을 이루는 부분이기도 하다. 이론을 세우는 것은 과학 연구의 주요한 목표이다. 하지만 이론을 경시하고 그때그때 무계획적인 실천을 수행하면 안 된다. 그릇된 실천은 벽에 부딪치게 되며 나아가서는 이론의 발전을 가로막는다. 그러나 현실은 이론의 내용에 비교해 항상 더욱 풍부하다. 이러한 현실의 구체적이고 전면적인 고민이 필요하다. 주의해야 할 건, 이론을 기계적으로 실천에 적용하면 교조주의(敎條主義)에 빠지게 된다. 이론은 우리를 구속시키는 달콤한 수단으

로 작용할 수 있다.

우리가 찾아 나섬을 추구하는 목적은 이것이다. 이론의 쓸모를 전적으로 필요치 않는 사람이 돼야 한다. 여기서 알아야할 건, 이론의 맹목적 신뢰에서 비틀기를 시도해 보자는 뜻이다. 그래야 내가 나를 본다. 돌아보라! 학교는 우리에게 사람을 가르치지 않았다. 교육이 해야 할 가장 중요한 것이 무엇인가? 사람이 사람을 배우게 하는 데 있다. 그 바탕에는 인문적 고전이 자리해야 한다. 인문적 고전 말이다! 아무리 강조해도지나치지 않는 인문 고전이 우리에겐 절대 필수적이다. 하지만 국가와 학교는 이론을 앞세워 일꾼을 찍어 내는 공장으로성장하였다. 지금의 대중은 사람 냄새를 좋아하지 않는다. 그대신 향기로운 '자본 냄새'를 무척 좋아한다. 그리고 그 잔에술을 따르고 기도한다. 여기서 국가 사회에서 품어 대는 거대담론에 휘말리는 우리들을 발견한다. 이 같은 소용돌이는 과학 이론이 만들어 놓은 무의식적 따라감의 신앙이 있었다. 그리고 우리의 현실은 그 신앙 속 안락을 향해 메뚜기처럼 이리저리 뛰어다닌다.

이 지점에서 과거, 현재, 미래를 바라보는 파괴적 사상은 무엇인가? 통찰력이 무엇인가? 순간을 멈추게 하는 통찰력의 획득이 가능한가? 언젠가는 나에게 알림이 있을 것이다. 그것이 언제인지 모른다. 앞서간 선지자들의 깨달음은 '기다림의 연속'이었다. 기다린다는 연속에서 자기 성찰을 끌어오기도 하였다. 지나감과 여기 있음, 다가옴의 파괴적 사상은 나를 여기에서 볼 줄 아는 자이다. 그래서 인문적 고전을 접하는 것이다. 그들은 자기의 현실을 사는 실존적 가치를 재평가하는 현실파괴자이다. 더구나 스스로 몰락하는 자이기도 하다. 그러한 사람들의 공통된 점은 그 시대를 아파했다. 더불어 역사 속 사상의 탐구자였다는 사실이다. 즉 나에게 달려드는 현실을 스스로 보고 스스로 들을 줄 아는 사람이었다. 이것이 인문 고전이 말하고 싶은 웅변이다. 이러한 웅변은 인간의 자격을 갖추고자 했던 지나간 사상가들이 현재를 사는 우리들에게 건네는 연민이다.

7. 생각의 깊이는 머무르는 지점과 의지로부터 파고든다. 이때가 인간이 성숙되는 순간이다. 더불어 지나감과 여기 그리고 미래의 가능성을 열어 둔다. 인간 사유의 과거란, 절망, 미소, 역사, 감각, 배설, 타락, 천박함, 후회, 사라짐, 욕심이다. 이러한 다름을 통합하는 능력은 통찰을 전제하는 능동적 소화력이 필요하다. 능동적 소모란 자기가 지향하는 바를 밀고 나가는 능력이다. 사유의 현재란, 권태, 허무함, 고통, 쾌락, 불안,

욕망, 연애, 살아감, 저항, 반항이다. 이러한 사유의 직접적 효과는 마음 근력의 훈련에서 비롯된다. 그래서 목적을 위한 수행 과정이 필요하다. 사유의 수련은 살아감의 토대이며 필요조건이기도 하다.

　사유의 미래란, 희망, 기대, 고독, 구름, 염려, 안개, 지평선, 하늘, 욕망, 느낌, 사랑, 모름, 있음, 없음, 새로움이다. 이러한 다가옴에 대한 사유를 끌어내는 이유는 자신을 데려오는 발판이다. 그러기 위해 다가옴에 맞서야 하는 책임이 따른다. 다가옴을 박차고 나아간다는 의미는 하늘과 대지의 움직임과 같이 한다. 이 또한 자연스러움과 동반이다. 살아감의 변화이며 진실을 파헤치는 과정이다. 자연스럽다고! 자연스러움은 부끄러움이 존재하지 않는 '존재' 가능성이다. 그래서 열려 있는 가능성은 존재가 나에게 스며든다. 그리고 순수한 존재는 자연스럽게 다가온다. 여기서 우리의 치부(恥部)를 과감히 들춰내는 이유가 있다. 오염된 자기를 씻어 내는 반성에 기인하기 때문이다. 이때 비로써 나의 존재가 드러나게 된다.

　지금 시대를 보노라면 덮어지는 현상에 익숙해졌다. 게다가 머뭇거리는 데 두려워하지 않는다. 결국 자기 자신을 두려워하는 데 익숙해질 대로 익숙해진 현상이다. 이렇게 나를 무참히 버릴 수 있는 건가? 아니다! 버려진 나를 데려와야 한다. 더 나아가 반항하는 정신으로 변화되어야 한다. 이제는 세상 밖으로 던져진 나를 데려오자. 시대적으로 나를 위한 구애(求愛)의 손이 필요하다.

8. 우리의 실존(實存)은 이 순간이다. 즉 놀이하는 인간 속성을 아는 깨달음이다. 이를 바라보고 지나감을 탐색한다. 그리고 여기를 보며 다가옴을 기대한다. 그러나 냉정한 인간세계는 고통과 쾌락을 맛보게 하고 권태와 허무함을 선사한다. 이 또한 나에게 주어진 선물이다. 그 선물을 받아 내고 견뎌야 한다. 우리가 사는 세상에 주입된 제도, 관습, 대중, 트렌드, 미디어 등이 있다. 이에 따른 거대 담론의 영향은 우리에게 어떻게 작용하는가? 혹시, 나도 모르게 살아가는 '무의식적 따라감'이 있는 건 아닐까? 이러한 익숙한 공포! 공포는 어떻게 극복되는가? 보라! 지금을 살지 않으면 견디는 용기도 발휘되지 않는다. 인간은 살아야 하는 척박함에 노출되어 있다. 우리는 오늘 하루를 유쾌하게 또는 우울하게 견디고자 노력한다. 하루라는 척박함의 '온유한 가치'는 대중성에 도사리고 있는 흡수력이다. 이 순간의 흡수력은 안락함의 무의식적 따라감을 조장한다. 이는 휘몰아치는 대중적 광풍(狂風)으로부터 탈출을 망각한다. 그럼에도 불구하고 나는 내 의지는 비틀기를 시도한다.

광풍에서 탈출을 감행하는 자는 망각에서 깨어 있는 중이다. 자기 욕망이 살아 움직일 때 스스로를 느끼는 것이다. 존재가 나에게로 침투하는 시작이다. 내게로 다가오는 변화되는 존재의 경이로움. 이를 느끼는 수많은 난관에 의해 나로 거듭나는 계기가 마련된다. 하지만 시대가 요구하는 암묵적 강제력은 공포이다. 그것은 시간이다. 시간 없음-촉박한-은 날이 거듭될수록 우리를 거세게 구속한다. 이에 대해 우리의 의지는 약화되었다. 우리는 시간의 냉정함으로부터 정신적·육체적 감금 상태의 현실을 살고 있다.

지금이다! 시간의 강박에서 벗어나야 한다. 생각의 연결 고리로부터 순환적 논리를 가져와야 한다. 이제 나를 움직이게 하는 동력이 필요하다. 그 방법으로 우리는 살아감의 '찾아 나섬'을 말해야 한다. 이 세계를 해석하고 현상을 발견할 탐구가 절실하다. 아울러 거대한 흐름에서 독립적 근거를 마련해야 한다. 다행스럽게 '무의식적 따라감'에서 '의식적 벗어남'을 염두에 둔다면, 외로운 독립은 가능하다. 그 전제 조건은 세상에 대한 저항하는 정신으로부터 시작이다. 이는 나의 권력으로부터 생산된 저항력의 에너지다. 이러한 에너지의 방출은 대중의 광풍을 잠재우리라.

9. 우리 관념에 지나감, 여기 있음, 다가옴이 있다. 인간에게 주어진 가장 현실적 흐름이다. 이에 대해 고찰(考察)해야 할 문제는 무얼까? 이를 통합하는 데 인류가 만들어 놓은 시간이라는 명제가 있다. 지나간 시간이 우리에게 어떠한 영향을 주었는가? 두루 알다시피 시간의 강박성은 인간을 통합하고 일반화하는 데 일조 하였다. 현재 진행 중인 인류의 끝없는 발전과 진보의 욕망이 대변하고 있다. 이제 반동적으로 생각해 보자. 시간의 무의미성을 고찰한다면 어떻게 될까. 이는 곧 시간을 사는 게 아니라 지금이라는 현실에 집중할 것이다.

나아가 현재 구속된 지점이 어디인지를 알아채는 순발력이 나온다. 이로써 지금이라는 명제 앞에 나를 던지는 계기가 된다. 이윽고 '나를 저항하는 자세'로서 있게 만든다. 그렇다면 시간을 지워야 한다. 그 시간을 지울 수 있는 사상은 어디로부터 나오는가? 지금까지 자연의 흐름을 시간으로 재단한 우리들이다. 자연은 인간의 일부가 아니다. 인간이 자연의 나약한 일부일 뿐이다. 하지만 인간은 자연을 지배하는 역사를 만들었다. 여기서 우리의 새로운 각오(覺悟)를 새로 써야 한다. 그에 따른 조건을 말하자면, 자연을 인간이 욕망하는 도구가 아니라고 인식하는 자세이다. 그로부터 인간의 우월함은 소멸하는 것이다. 이것을 다듬어 당연한 자연적 귀결로 만들어야 한다. 또한 집단의식이 생산해 낸 모든 사상적·물질적 가공품으로부터 해방을 맛보아야 한다. 그럼으로써 600만 년의 인류 역사가 다시금 자연과 동화되는 길이 열린다.

왜? 시간은 인간에게 '고통'일까? 인간은 지나간 시간과 현재를 포함해 미래를 내다보는 동물이다. 인간이 생각한다는 것은 그냥 무의식적 행동이 아니다. 과거를 돌아보고 현재를 알며 미래를 열려는 수고로움이 동반된다. 따라서 우려와 열망이 교차하는 지점을 사는 것이다. 그렇기 때문에 고통이 따른다. 엄밀히 말하자면 시간이 우리에게 다가왔다는 사실이다. 그래서 시간이 우리를 파괴하는 것이다. 여기서 시간을 망각하고 현재의 부족함을 인식하지 않는다는 가정이 있을까? 그러면 미래의 불안은 굳이 따져 볼 일은 아니지 않는가? 하지만 인간 본성상 '부지불식(不知不識)' 간의 불만족에 대한 열망이 존재한다. 이것이 시간 인식의 악령이다. 즉 고통과 허무함을 감각한다. 그래서 시간의 강박으로부터 자유롭지 않다. 이어서 강박이라는 족쇄는 우리를 자유롭게 놓아주지 않는다. 그 족쇄에서 벗어나고자 할수록 고통이 따른다. 시간성의 필연적 사유로 인해 인간은 기계로 전락했다.

10. 우리의 관념에 존재하는 시간을 소멸시키는 방법은 있는

가? 본능적으로 자연으로의 복귀를 갈망하는 순수함이다. 시간은 우리 시야에 나타나지 않는다. 도대체 무슨 말인가? 제대로 인식할 수 없는 영역이 시간이다. 그러나 순간을 가로지르는 시간이, 이 세계를 지배하고 있다. 우둔한 생각이다. 시간에 대한 두려움이 존재한다. 이 세계는 시간을 사는 우리를 불안과 초초함으로 몰아넣었다. 불행이도 다가옴의 시간은 침묵하기에 너무나 강하다. 역설적으로 우리에게 시간의 엄격함은 강력한 강제력을 주입한다. 무의식적 따라감을 불러일으키게 하는 무서운 비석이 되었다. 우리는 시간이 창조한 지나감과 여기 있음 그리고 다가옴에 갇혀 있다. 시간이 침투한 세계는 미쳐 있는 중이다. 나아가 세상의 조건은 이미 본능적 광기를 허락하지 않았다. 시간에 "우리가 구속되어 있다." 그리고 거대한 '시간 감옥'을 만들었다. 우리 스스로 시간 안에 나의 존재를 가두게 된 것이다.

이렇게 생각하는 인간이 가장 두려워하는 것이 시간이다. 이로써 사라짐에 대한 원초적 두려움이 존재한다. 시간이 흐른다는 강박에서 오는 '자기 미완성의 불만'이다. 또한 현재에서 발생하는 소유욕의 불만이다. 이러한 불만은 시간 부족의 강박으로부터 나온다. 따라서 시간 강박의 문제는 '탈인간성'을 조장하는 도구로 전락했다. 이를 두고 정글 속의 투쟁으로 미화하기에 이른다. 강자와 약자의 이분법적 논리가 적용되는 지금의 당위성이다. 이제는 탈(脫)인간성을 당연한 사실로 받아들이는 시대인가? 시간이라는 발명품을 세속화(世俗化)와 더불어 신성화(神聖化)했음이 분명하다. 보라! 자연과 무의식의 세계에서는 시간을 말하지 않는다. 그곳에서는 무아(無我)의 경지만 있을 뿐이다. 잠시라도 자연으로 돌아가 보라. 그곳에선 자연과 함께하는 내 자신만 있을 뿐이다. 여기서 실험을 해야 할 일은 과학이 아니다. 우리의 소중한 살아감을 방해하는 시간을 넘어서야 한다. 지극히 시간을 무력화하는 방법을 연구해야 한다. 이는 우리에게 닥칠 불안한 미래에 대응하는 자세다.

11. 동물에게 자연환경은 아름다운 사색(思索)의 공간일까? 자연을 즐기는 동물이라! 아름다운 광경이다. 인간도 자연으로부터 나왔는데 이와 다를 바 없지 않나? 그렇다면 너의 심장으로 자연의 경이로움을 가져와라. 이는 너를 향한 권리이며 사랑스런 책임이다. 그로부터 태양과 달의 움직임을 알라. 이로써 깨어 있기를 반복하는 대지의 역동성을 발견하리라. 이렇게 자연은 있는 그대로를 표현하는 세계이다. 반면 인간에 의해 자연은 폭력과 연민이 공존하는 세상으로 변했다. 인간

의 욕망은 자연을 빚쟁이로 취급한다. 그리고 끊임없는 자연 파괴와 욕구를 일삼는다. 우리가 알아야 할 건, 사람은 자연의 일부라는 사실이다. 자연을 명령하고 지배해야 할 대상은 결코 아니다. 따라서 사람은 자연이 나타내는 경이로움에 머리 숙여야 한다. 이게 자연에게 사람이 해야 할 예우다. 그리고 당연히 자연 앞에 '여기 있음'으로만 존재해야 한다. 그래야 자연으로 향하는 나는, 나를 데려오는 고향을 찾게 된다. 이러한 발상은 당연히 자연으로부터 얻은 경이로움에 대한 배려다.

그로부터 나는 자연에서 어떠한 위치로 서 있는가? 이윽고 망각이라는 소화력은 무엇으로 작용하는가? 고요한 망각은 소화를 다한 잠재적 수면 상태의 작용으로도 나타난다. 사고력의 집중도는 완전한 망각 속에서 발견될 것이다. 그곳에서 우리의 영감(靈感)은 자라난다. 이와 같이 식물과 동물을 비롯한 우리들은 무의식속에서 자라는 꿈나무와 같다. 유치한가? 아니다. 자연을 향한 단순하고 소박한 겸손이다.

그래서 자연으로의 결속은 새로운 사상을 잉태하고 있다. 이에 따라 나의 행동의 반응은 의식적 또는 무의식적으로 나뉜다. 자연에서 사람을 포함한 동물도 꿈을 꾸면서 살아간다. 그럼에도 시간의 무게를 의식하는 인간은 스스로 날아가는 새가 되기를 포기했다. 아는가? 시간은 자연에서 쓸모없는 개념이라는 것을 말이다. 따져 보면 자연과 교감할 때 시간은 소멸된다. 자연으로부터 파생된 존재는 자연의 일부라는 주장과 함께한다. 자연이 밝혀지는 현상은 생성 내지는 소멸의 반복뿐이다. 이 세상 모든 것은 살아감의 의지가 작동하는 방식이다. 의지로부터 생성은 소멸에 의해 나타나고 소멸은 생성을 약속하는 흐름의 일부다. 따라서 죽음이라는 필멸(必滅)은 자연스러운 현상이다. 여기에 슬픔과 고통이 함께할 이유는 없다. 궁극적으로 죽음은 공포가 아니다. 강조하거니와, 시간 감옥과 상관없는 자연은 있는 그대로일 뿐이다. 당연히 인간은 자연의 작은 배역에 지나지 않는다. 그 안에서 우리의 삶과 죽음은 자연스런 생성과 소멸의 일부임을 알아야 한다.

12. 생각하는 인간은 과거, 현재, 미래를 인식한다. 동물과 달리 고통과 영광스러움이 교차하는 능력이라 할 수 있다. 따라서 이를 통합하는 기술은 어떻게 나타나는가? 사람은 지나감을 회상하고 여기 있음을 의식한다. 나아가 다가옴을 설계하는 능력을 발휘한다. 그 정점에 사상의 구조적 나열과 판단 능력의 통합을 가져온다. 인간만이 할 수 있는 기술적 행위다. 이러한 기술적 행위는 대중적 삶 속에서 얻기 힘들다. 또한 거부할 수 없는 대세적 담론장에서 발견하기란 더 어렵다. 그곳

에서는 누구나 이해 가능한 이론만 있을 뿐이다. 그리고 모든 걸 알고 있다고 자부한다. 이렇게 사실을 은폐하려는 의도는 우리에게 가면을 요구하고 있다.

우리는 거대한 시장에서 가면을 쓰면서 대중과 함께한다. 아울러 서로의 접근을 허용하고 서로 융화하려고 노력한다. 철저히 학습된 의식은 이러한 일반화 된 담론장에서 빠져나오기 쉽지 않다. 이유를 따져 보면 인간의 굴레는 권력에 의한 포섭이 낳은 획일화와 함께한다. 또 엄격한 위계질서가 발휘되는 환경이다. 만약 그러한 환경에서 탈출을 시도한다면 대중으로부터 소외는 감수해야 한다. 우리는 잠시, 아니, 순간이라도 고독의 맛을 느껴야 한다. 즉 스스로 강해져야 한다는 말이다. 그로부터 나온 생각의 깊이만큼 개별적 사상은 익어 간다. 그 후에 발견되는 사상의 지평은 구조적 관점으로 전환된다.

따라서 나의 사상의 지평(地平)은 고립을 감수하는 데서 확장된다. 아울러 구조적 관점을 갖는 능력은 이론적 학습의 결과로도 표현된다. 더불어 삶의 지혜는 경험에서 나오는 성찰과 바라봄이다. 그 결과 '벗어남'의 시도를 세상에 알리기에 이른다. 이윽고 나만의 고유한 사상적 지평은 정신적 혼란함을 다스린다. 다행스럽게도 다양성을 수용하는 힘을 얻게 될 것이다. 그 안에 흩어진 혼란스런 그림자는 오롯이 나와 일치한다. 이어서 나를 데려오는 기쁨이 다가오리라. 궁극적으로 우리는 흔적을 남기는 유일한 동물로 거듭난다. 이것이 세상에 던져진 인간이 수행하는 본질적 활동의 책임이다.

13. 실존적 가치는 현재를 노려보는 능력에서 나온다. 가치는 타당하기에 가치로 존재할 수 있다. 가치를 보고 노린다는 의미는 나의 의지의 발휘다. 이것이 순간을 사는 역량으로 나타난다. 이렇게 과거와 미래는 지금 여기에서 생산된다. 하지만 현실적 삶의 조건에서 존재란 밝혀지지 않는 숭고함이다. 우리에게 보이지 않는 그 무엇이다. 그에 따라 우리가 추구하는 진리는 나타나지 않지만 보여지기도 한다. 궁극적인 창조적 가르침의 열매다. 그렇다면 이러한 시간을 동시에 인식하고 살아가는 인간은 무엇으로 나타나는가? 또한 실존적 가치를 어디에서 찾는가? 현재 너의 시선은 어디에 위치해 있는가? 이렇게 스스로 너의 정신이 올바른 시선 위에 있는가를 물어야 한다. 그것은 나의 현재가 '무의식적 따라감에 존재하는가? 의식적 벗어남을 추구하는가?'의 문제이다. 즉 시간 감옥으로부터 '너 자신 스스로 보고 스스로 듣는 중인가?'묻고 있다. 답해보라!

단순하게 표현하자면 '여기 있음에서 바라본 세계를 어떻게 해석하는가?'의 문제다. 말하자면 하루라는 관념과 전체적인 살아감의 동일성을 발견하는 것이다. 우리가 살았던 지난날을 회상해 보면 한 토막으로 모아진다. 지나간 과거지만 아득한 옛날로 느껴지지 않는다. 이렇게 짧은 순간을 만드는 게 인간의 관념이다. 그래서 우리는 찰나를 지나고 찰나를 살아가는 운명이다.

깨어나라! 무궁한 우주 속에 먼지와도 같은 우리 존재는 자존심을 내세울 위치인가? 어쩌면 이 순간을 표현하는 몫만큼만 살아지는 것은 아닐까? 우리는 순진하게 자연과 같이, 있는 그대로를 살아가는 모습을 그려 볼 수 있다. 굳이 자유라 표현하지 않더라도 말이다. 있는 그대로를 살아가는 살아짐을 무어라 표현할까. 이게 자유인가? 자유가 내포하는 타락의 근거는 많다. 또 자유에게 제공하는 원인이 타락이다. 이렇게 자유는 자유로부터 타락의 공포와 함께한다. 보라! 우리의 임무는 자유로부터 공포를 해소하는 일이다. 다행이도 나는 타락의 근거를 제거하는 방법을 자연에서 엿보았다. 그리고 타락의 근거인 권태와 허무함을 자연에서 잊기로 했다.

14. 시간의 과거, 현재, 미래를 바라봄은 거대한 인식능력의 발산이다. 아울러 사유의 지평을 넓혀 보려는 발버둥이다. 이

러한 시간 세계를 바라봄은 역설적으로 시간을 의식하지 않는다. 다만 인간이 이상을 품는 책임으로 전환된다. 이를 느끼는 자만이 시간을 버리는 냉정함을 이해할 수 있다. 그러한 냉정함을 쟁취하는 길이 벗어남의 속성이다. 게다가 나를 되돌아오게 하는 방법이기도 하다. 이는 시간의 영구성을 버리는 자연의 속성을 알아가는 학습에 달려 있다. 또한 우리에게 학습된 시간 감옥에서 탈출을 예고한다.

여기서 갈망하고 궁극적으로 알고 싶은 것이 있다. 나를 인식함으로써 내가 되는 책임이다. 그것은 나를 데려오는 일이다. 이어서 나의 존재가 우주이며 삶이 되는 길이기도 하다. 게다가 살아 있음이 표현되는 공간이다. 이러한 사상의 단초는 삶을 상승시킨다. 나를 더 나은 조건으로 유도하기 위한 본능적 추구이다. 또한 내가 살아 움직이고 있다는 절대적 사실을 인식하는 과정이다. 이로써 인간이 추구하는 가장 기초적인 질문의 형태로 표현된다. 이러한 것이 산다는 것에 대한 '책임 부여'라 할 것이다. 하지만 냉정한 우주적 감성이 동반돼야 한다. 지속적인 냉정함의 선(線)의 의미는 나아감이다. 나아감은 소멸하지 않는 실존의 가능성을 위한 표시다. 이는 다가옴의 가능성을 위한 열려 있음의 위로로 판명된다. 그 무엇보다 가능성을 배태(胚胎)하려는 용기에서 선의 의미는 드러난다. 선의 의미는 연장선을 추구하는 의지에 달려 있다. 전제 조건이 있다면 시간 강박으로부터 해방이 우선이다.

그래서 벗어남의 수고로움은 타인으로부터 적대적(敵對的)이다. 그 이유는 저항을 시작으로 반항으로의 길을 추구하기 때문이다. 또한 우둔한 발상에 의한 경쟁의 장에서 벗어나려는 현실적 각성이다. 더불어 나에게로 향한 고유한 영역으로의 침투다. 이는 어느 곳에서나 두려운 존재에게 전할 수 있는 최고의 방어적 기질이다. 하지만 삶이 강해져야 할 조건이 따르는 수고로움이 있다. 실질적으로 삶의 강력함은 나누기 위한 발판이 된다. 그 이유는 강한 사람만이 나누는 마음을 얻기 때문이다. 여기서 강함이라 함은 본능과 이성의 높은 질이다. 우리의 본능은 철저한 자연적 본성으로 드러난다. 그다음 이성적 사고의 한계를 경험함으로써 자연적 본능의 우선을 따라야 함을 일깨운다. 이로써 사실적 삶에 대한 표현이 풍성해질 것이다. 이는 인간의 실존을 위한 알맞은 대응이라 할 수 있다. 이렇게 우리는 궁극적 살아감의 최고봉을 향해 달려야 한다. 그것이 세상을 향한 우리의 사상적 우월에서 나온 맞서기다.

15. 인간에겐 부정할 수 없는 인식의 욕망이 존재한다. 알아야 한다는 무거운 부조리의 연속성. 그것은 지나감, 여기 있음,

다가옴의 책임이다. 사람은 영원히 존재할 수 없다는 것을 유일하게 인식하는 동물이다. 아울러 완벽할 수 없는 존재로 남아 있는 것. 다만 살아감의 책임이 따른다는 사실. 인식은 태어나는 순간으로부터 과거로 자리 잡는다. 그리고 현재가 바로 미래로 이어진다. 이를 반복으로 연결된다. 살아감 속, 미세한 연결 부분을 이어 가는 충동은 우리의 양식이 된다. 하지만 자신이 인식하는 영원함의 부재는 여기 있음과 다가옴을 두려워하게 만든다. 그리고 이 연결 부분이 지금이다. 이 순간이 살아감의 단순함을 포착하는 순발력이다. 지나감과 여기 있음, 다가옴에 대한 책임을 실천하면서 말이다. 따라서 과거, 현재, 미래의 분석 능력이 탁월해야 한다. 이 순간을 포착하는 능력이다. 분석하려는 의지가 강해야 하는 이유가 있다. 그러한 능력을 키워 갈 때, 미세한 연결에 대한 열린 가능성을 높일 수 있다. 그 효과는 다가옴에 대한 두려움을 최소화시킨다.

실존과 권력으로부터 나는 불안과 염려로 전진하는 인간인가? 현실적 삶에서의 강력한 도구는 무엇인가? 실존의 강한 의지로부터 나오는 힘의 축적인가? 현재를 제대로 분석해 보려는 세속적 인간은 권력의 아름다움을 말한다. 반면 세속적 벗어남을 잉태하려는 자는 다르다. 자신에게 의식적 벗어남을 도모하려는 사기를 친다. 산다는 것! 지나감, 여기 있음, 다가옴을 인식하고 통합하는 삶? 뭐라고? 보자! 뒤로 갈 수 없다는 것을 인식하는 것이 사람이다. 무의식적으로 앞으로 가야 된다는 의무감! 하지만 벗어남은 창조적 정신에서만 나온다. 그것이 의식적 벗어남의 시작이다. 이렇게 신(神)이라는 벗을 상실한 허무주의자가 탄생한다. 이런 게 벗을 버리고 홀로 서 보겠다는 강력함을 나타내는 뜻이 아니겠는가! 그가 할 수 있는 최고의 반항은 자신을 절벽에 세우는 일이다.

여기서 다시 한번 살펴보자. 신이라고 칭하는 절대자가 있다. 유일하게 자기로 존재하는 존재이다. 인간도 그렇게 될 수 있다. 나아가야 할 방향은 지나감, 여기 있음, 다가옴을 동시에 인식하는 자다. 높고 깊은 사람이다. 절대적 자기를 원하는 인간 실존이다. 이윽고 인간의 '자기 사랑'으로 승화된다. 궁극적으로 '신'보다 자기가 우선이다. 인간은 이러한 사명이 존재한다. 말하자면 '자기희생'은 가장 추악하다. 자기희생은 자기 소멸을 위한 발명품이다. 자기희생을 과감히 버리고 오직 자신을 위해 살아야 한다. 그러한 사랑 행위를 할 수 있는 '절대적 자기를 계발하는 사람'으로 거듭나야 한다. 우리는 신이 될 수 없다. 하지만 신적인 존재의 독립성을 가져야 한다. 절벽으로 향하는 마음은 이렇다. 나를 타락으로부터 구출하겠다는 마지막 다짐이다. 그곳에서 모든 것을 걸어 보려는 모험이 아름답다.

16. 위버멘쉬보다 우월한 그는 어떻게 존재하는가? 무(無)로
향한 허무함의 강력함을 소멸시키는 능력으로 나타난다. 자신
의 힘을 발휘하여 살아감의 강력함을 조장하는 일이다. 강력함
은 무를 향한 질주이며 자신을 데려오는 연민이다. 우리는 소
멸하지만 우주 속 생성과 소멸은 영원히 반복된다. 그 이상의
무엇은 내 자신 밖에 존재한다. 나로부터 무엇을 데려와야 한
다. 이러한 책임하에 상실된 세계로부터 이끌게 하는 의지력은
무엇인가? 여기 인간이 만들어 놓은 가치가 있다. 이를 자기 극
복으로 소멸시키는 힘을 얻어야 한다. 강력한 자기 권력을 발
휘함으로써 새로운 가치를 창조하게 되는 것이다. 새로운 가치
는 없음의 무구한 체념으로부터 발견된다. 새로운 체념은 자기
상실을 회복하는 시작이다. 그리고 자기 힘의 발휘가 시작된
다. 이러한 자기 극복의 증거를 가지고 새로운 위버멘쉬를 창
조한다. 그래서 나는 새로운 존재를 데려올 참이다.
　현실 세계로 돌아오면 새로운 힘을 가진 권력자는 어떠한 위
치에 있는가? 여기서 현재를 아파하는 감성이 개입되는 지점
이다. 여기를 아파해 본다는 건, 느끼는 감수성이 탁월하다는
말이다. 사랑스럽게도 느낌을 갖는다는 것은 축복이다. 아파

해 본다는 건, 인간에게 너무나 축복된 선물이다. 이는 스스로를 이방인으로 만들지 않겠다는 의지의 표명이다. 우리는 느낌으로 살고 그것을 나누는 동물이기 때문이다. 감성의 높이만큼 살아감에 유용한 것도 없다. 정신적으로 즐기는 자는 최고의 신선(神仙)이다. 이를 근거로 살아감의 정당성을 살짝이라도 말해 볼 수 있다. 어쩌면 인간이 할 수 있는 최고의 표현은 서로 아파하고 기뻐하는 '공감(共感) 능력'이 아닐까! 공감의 역할은-인간 진화가 우리에게 명령하는-삶을 책임지는 표현이다. 표현으로 이어진 사람과 사람, 자연과 사람의 교감은 운명적 살아감의 의지로 밝혀진다. 그래서 우리 자신이 어디에 위치해 있는가를 밝힐 수 있다. 그것은 타인이 나를 밝혀냄과 동시에 자연이 말하는 여기 있음이 나를 밝혀낸다. 이제 나를 드러내게 하는 사랑스러운 발동(發動)이 꿈틀댄다.

빈약한 표현이지만, 인간이 행복을 갈구하는 가련함이 있다. 행복 추구는 역설적이게도 스스로를 추락시키는 요인으로 작용한다. 인간은 동물에 더 가까운 본능으로 산다. 그럼에도 이성적 억지 주장에 학습되어 있다. 돌이켜보면 행복이라는 조건을 너무 높게 세우는 우둔함이 있었다. 그 때문에 지금을 제대로 표현하지 못하는 결과를 가져왔다. 따져 보면 본능적 감성이 표출되는 지점은 즐거운 만남으로 이루어진다. 위버멘쉬보다 우월한 자신을 발견하는 것은 자연적 감성을 표현하는 자이다. 아직도 모르겠는가? 행복의 조건은 따로 존재하지 않는다는 사실이다. 우리는 동물의 본능적 유전이 절대적이다. 그래서 행복은 아주 사소한 부분부터 절대적이다. 그러한 사실을 알아채는 능력은 무의식적 따라감의 탈피다. 그 지점에서 자신으로 돌아오는 전환점이 발견된다. 이러한 이유로 행복을 거대 담론의 기준에서 찾으면 안 된다.

자기를 버리는 바보는 맹목적 사고력이 뛰어난 자이다. 하지만 자기를 인식하는 자는 표현이 다르다. 위버멘쉬보다 더 나은 이상(理想)을 갖는다. 또한 새로움을 아는 사람이다. 말하자면 본능적 감성에 충실하자는 말이다. 즐거움을 추구하는 가능성을 열어 놓자는 뜻이다. 아울러 자유의 가치를 제대로 알고 이행(移行)하는 삶으로의 도약이다. 또한 자연과 더불어 그 즐거움을 추구하는 살아감이다. 이러한 살아감은 자신을 넘어서는 사람으로 거듭나게 될 것이다. 그는 자유의 본질을 알고 타락으로부터 자기를 데려오는 수행자이다. 이것이 내가 밝히려는 네오위버멘쉬에 의한 자연으로의 귀향이다.

17. 과거, 현재, 미래를 통합하는 사상은 무엇일까? 성인(成仁)이 되고자 하는 권력 의지의 표현이다. 여기서 돌이켜보고 바

라봄과 찾아 나섬을 생각해 보자. 이에 따른 우리의 궁리하는 모습은 무엇으로 나타나는가? 바다의 물결이 바람과 함께 한 없이 춤추는 것을 보고 있다. 이것이 지나감, 여기 있음, 다가옴의 현상이다. 적극적으로 우주의 탄생을 밝혀내는 것도 중요하다. 그러나 우연히 만들어진 이 세계다. 여기서 경이로움을 느끼는 것이 더 고귀하지 않을까? 또 자기 안에 도사리는 내적 충만을 염탐하는 자세다.

궁리하는 자는 현재의 사실을 받아들인다. 현실을 파악하는 사람은 들에 피어나는 들꽃처럼 살아간다. 그는 아무것도 요구하지도 바라지도 않는다. 그저 오고 가는대로 자신을 맡길 뿐이다. 더구나 들풀은 자신과의 싸움에서 승리한다. 그리고 억세게 살아가는 지혜를 얻는다. 최소한 자연에서 살아가는 방법을 홀로 견디는 용맹함이다. 우리는 세상의 무심함에 똑같은 무심함을 선사할 이유가 없다. 세상이 보이는 자연스러움에 굴복해야만 한다. 그 이유는 인간이 가진 동물적 본능이 있다. 그 외에 생각이라는 부가적(附加的)쓸모가 있다. 그에 대한 책임을 자연에게 가져야 한다. 인간과 자연이 99% 닮았다고 한다면, 인간은 1%의 숭고함을 자연에게 바쳐야 한다. 그 숭고함이 말하는 의미는 '공감과 사랑'이다.

공감이 행사하는 의미가 무언가? 때론 우리는 사실을 외면하고 들으려 하지 않는다. 이러한 반복적 행위는 자기 인격을 격추시키는 결과를 가져온다. 올바른 경청은 현실을 파악하고 되물어 보는 용기다. 물은 흐르는 곳에서 자연스럽다. 또 언어와 함께하는 사람은 듣고 말하는 데서 자연스레 살아간다. 이러한 행동은 의식적 벗어남으로 이끈다. 이를 바탕으로 외면하지 않는 용기는 "나"로 산다는 책임이다. 그래서 현실을 받아들이는 자가 되어야 한다. 당연히 스스로 보고 들어야 한다. 이어서 존재라는 물음에 답하는 자로서 새로 태어난다. 현실을 산다는 것은 해석적 올바름에 대한 응답으로 귀결된다. 이 세계에서 벌어지는 현상에 대해 기꺼이 응답을 요청받아야 한다. 그에 따른 정당한 응답 안에 삶의 정당성이 꿈틀거린다. 그 물음에 답하고 실천하는 자세가 올바르다. 그리고 지금을 해석하는 인간 존재의 정당성이다. 더불어 자기를 끌어안으려는 시도가 우선시돼야 할 일이다. 따라서 지금 시대의 문제를 외면하지 않으려는 의지가 필요하다. 그러한 인간은 '가장 최고로 고민하는 자기 사랑 행위'를 실천하는 자이다.

18. 우리가 "그럼에도 불구하고!"를 외치는 이유는 존재론적 관점이다. 현실적 살아감의 비관적 희망을 걸어야 하기 때문이다. 그럼에도 나에게 무참히 던져진 삶을 이어 가게 하는 선

언이다. 그래서 지극한 연민은 오로지 자기에게로 향해야 한다. 그다음 사랑 실천이 가능할 것이다. 그래야 자기희생의 몫을 과감히 자기에게로 집중한다. 그러면 이 세상은 자연스럽게 살아 움직이게 된다. 하지만 우리는 모르고 살았다. 나를 사랑하는 방법이 무엇인지. 보라! 이 시대의 거대 담론에 흘러가는 무의식적 살아감의 혜택이 있다. 이를 기대하면서 무심히 나를 세상 흐름에 맡겨 버린다. 그래서 일반적 인식은 대중 속에서 만족을 느끼는 방식으로 학습되었다. 하지만 진정한 영웅은 홀로 있음을 알고 즐기는 자이다. 이에 대한 철학적 주제는 왜? 살아야 하는지를 알아가는 과정이다. 그리고 이를 통합하고 궁리하는 인간 존재의 탐구이다.

살아감에는 지나감의 후회 내지는 아쉬움이 자리한다. 또 여기 있음의 고통과 쾌락이 상존한다. 그다음 지속적인 다가옴의 기대와 불안함은 우리들의 철학이다. 여기에 인간이 사명감을 가져야 할 이유가 존재한다. 지금도 변하고 있으며 새롭게 도전하는 인간이기에 그렇다. 다행스럽게도 인간이 의식하는 능력은 변하지 않았다. 그리고 세상을 해석하는 능력은 끊임없이 진보 중이다. 이를 바탕으로 인간의 갈망은 목마름에 대한 갈증 해소라는 해결책이다. 미완의 해결책을 찾아 인간이 자기의식을 확보한다. 즐거움이다. 그것은 자기 욕망으로부터 나온 자연스런 집중력의 선물이다. 지나간 인간 의식 과정의 6,000년 세월이 있었다. 그동안 인간을 인간답게 설정한 요인은 '생각하기'였다. 이와 함께 의식하는 사람이 있었다. 이윽고 본능적 자아의 이중적 고찰은 지혜를 선사했다. 이를 바탕으로 우리는 우월함을 창조했다. 그러나 사랑의 실천은 빈약했다. 그 사랑의 결핍은 자연을 바라보는 나약한 시선이다. 그로 인해 우리의 보금자리를 훼손시켰다. 불행이도 인간은 이 세계를 재단하고 탐색했다. 아울러 모든 것을 이념에 의한 가치로 둔갑시키는 바보짓을 하게 된 것이다.

　그 결과 어떻게 되었는가? 인간의 진보적 가치의 우월함은 강해졌다. 그 혜택도 상당한 결과를 가져왔다. 하지만 지금은 어떤가? 인간 스스로 소외-의미가 사라진 상태-를 불러일으키는 도구를 만들고 있지 않는가? 그러면서 그 진보의 폭주 기관차를 멈추지 못하고 있는 중이다. 우리는 이를 역동적 삶이라고 명명하면서 지금을 살고 있다. 이에 더해 종교적 갈등을 빙자한 파괴와 살생은 우습기도 하다. 종교는 생명이 아니다. 실체가 없는 종교를 위해 우리는 죽어 가고 있다. 이 얼마나 살아감의 촉발을 실체 없는 외부 세계로 몰아넣는 욕심인가 말이다. 이와 더불어 인간이 자연을 바라보는 어리석은 생각은 이어진다. 자연의 파괴와 죽음은 현실화된 지 오래다. 자연을 원초적 시대로 되돌리기엔 이미 늦은 감이 있다. 결국 인간이 말하는 살아감의 가능성을 인간 스스로 약화시키는 중이다. 안타깝게도 지금까지의 살아감은 파괴와 죽음이 우세하다. 그러나 우리는 지금부터라도 보존과 통합을 일으켜 세워야 한다.

19. 살아감의 해석 능력이란 무엇인가? 이론과 경험을 바탕으로 제시하는 사유의 방법이다. 아울러 객관적 사실을 토대로 나의 주관적 관점을 표현한다. 해석하는 능력 발휘는 타자의 동의(同意)수준을 높게 하는 것이 중요하다. 참된 해석은 자기 인식에서 나온 감정이다. 그리고 합리적으로 합의하는 질적 수준을 말한다. 따라서 올바른 해석 능력은 지식과 경험을 바탕으로 한다. 그다음 지혜로의 나아감이 될 것이다. 인간 사유의 진보성이다. 그리고 사유를 나에게 오게 하는 끊임없는 성찰이다. 또한 자기를 본다는 의미는 현실의 오류를 포착하는 능력이다. 아울러 자기를 넘어서게 하는 발판이다. 이러한 반복적 행위는 자기를 책임지는 행위이다. 그래서 자유인은 자기 안에 도사리는 굴레를 반드시 벗어난다. 따라서 자유를 인식하는 자는 최소한 허무감과 동떨어져 있다.

　진보성의 의지는 어디로부터 나오는 걸까? 살아가는 이유를 스스로 인정하는 것일까? 내가 생각하기에 살아야 한다는 단순한 의지로부터 나오는 순수한 정신인가? 사람이 태어났다는 것에 대한 지금 여기를 살아내고, 살아야 하는 책임감이다. 하지만 삶에 대한 의미를 스스로 부여하려는 강박에서 탈출해야 한다. 그저 우리는 살 뿐이다. 왜 사는가? 그럼에도 불구하고 산다. 그리고 살아갈 때 흔적으로 남는 것이 삶이다. 또한 자기표현의 적절함을 유지하는 것도 포함된다. 흔적은 해석적 능력을 발휘하는 자로부터 나오게 마련이다. 인식하는 능력을 가진 인간. 그 인식을 해석하는 인간. 인간의 해석은 해석적 관점을 적용하는 의지의 발휘로부터 나온다. 자신을 해석한다는 의미는 이렇다. 보여지는 것과 현상의 관점을 여러 각도에서 시작해 보려는 의지이다.

대중적 연결망으로부터 해석은 지금을 극복한다는 의미도 포함된다. 이는 산다는 것에 대한 최고의 응답이 될 수 있다. 그에 대한 전제 조건이 있다면 무리에서 독립하려는 의지는 필수적이다. 따라서 우리가 주장할 수 있는 요건은 독립 의지의 발휘다. 독립은 무의식의 침범을 허용치 않겠다는 자기 선언이다. 유기체적 관계망의 일부이기도 하다. 그렇다면 우리는 독립적 가치를 더욱 높여야 한다. 그 이유는 관계를 이어가면서 밝혀내야 하는 존재이기에 더욱 그렇다. 그럼으로써 서로가 어울리고 있다는 흔적을 밝혀낸다. 궁극적으로 대중 속에서 탈출하는 자기를 발견하는 것이다.

20. 사람이 산다는 것은 존재론적 의미를 부여하려는 몸부림.
사람은 이로써 사람다움이다. 살아감의 실천을 완수해야 하는
지금일 수밖에 없는 인간. 이러한 운동의 의미는 사람으로 던
져진 책임이다. 또한 인간만이 할 수 있는 축복이자 고통이다.
사유하는 인간은 독립을 원하고 자신을 넘어서려는 의지를 갖
는다. 따라서 항상 자기를 넘어 그 다음 무언가를 추구하는 동
물로 진화됐다. 하지만 진화의 결과는 외로움과 지루함을 느
끼도록 유도되었다. 나아가 허무함이 반복되는 불운을 맛본
다. 이같이 사회적 동물로 진화된 대가(代價)를 치르는 중이
다. 이어서 거역할 수 없는 허무함의 유전적 도래는 숙명으로
도 작용된다. 이러한 가운데 인간은 자신을 속이고 위안거리
를 창조하지 않을 수 없었다. 동의하지 않을지 모르지만 종교
와 철학이 대표적이다. 종교와 철학을 넘어선 오롯이 자신을
넘어서려는 의지는 담금질을 향한 쇳덩이다. 그래서 자기 극
복은 더욱 단단하고 변화되려는 의지로부터 나온다. 이는 자
기보다 더 나은 인간으로 거듭나려는 자기를 향한 채찍이다.
인간은 이 같은 갈망을 추구하는 이유를 자기 삶의 유한성으
로부터 터득했다. 우리는 신이 아니기에 반드시 도래하는 삶

의 끝을 의식하는 동물이다. 스스로를 밝혀내려는 의지는 앞으로 다가오는 자기 죽음에 대한 성찰에서 비롯된다.

살펴보자! 자기 한계를 인식하지 않았다면 생각하는 자체가 무의미할지 모른다. 생각이라는 능력이 주어진 이유는 아마도 자기 종말의 분투임에 다름 아니다. 자기와의 대결은 지금의 안절부절못함이 스스로를 일깨운다. 이윽고 여기 있음의 허무함을 발견하고 다름을 찾아 실행하기에 이른다. 실로 찾아 나섬은 나를 나에게로 데려오는 시발(始發)이다. 궁극적으로 내게로 향한 다가감이다. 이렇게 살아감은 나로 돌아가는 길을 찾는 과정의 연속성에 놓여 있다. 이는 내가 현실을 살아가는 이유와도 같다. 이와 함께 거대한 삶을 이해하는 방향으로 진입하게 된다. 따라서 가장 빛나는 삶을 휘두르는 역동성을 갖게 된다. 또한 살아감이 창조되는 각성(覺城)이라 하겠다. 이러한 삶은 유한성에서 오는 긴박함에 대한 대응이다. 그러한 대응은 망치를 휘두르는 나의 내면적 표현으로 적절하다.

21. 지나감, 여기 있음, 다가옴을 통찰하는 능력은 어떻게 발휘되는가? 사색의 허용을 용납하는 영리함이다. 또 통찰하는 역량은 사유의 기본을 구조적으로 그려 보는 자세이다. 전체 또는 전체성의 의미는 사물 자체가 아니다. 서로의 관계성으

로부터 객체의 자기 조절과 변형이 낳은 결과이다. 이어서 생각하기의 완성은 그 시간에 비례한다. 마치 산을 오르는 과정과도 같다. 그래서 사유의 정점은 끈질긴 지구력으로부터 정상에 오른다. 이내 통찰의 정점에서 나를 발견하는 행운이 따른다. 내 안에 존재하는 참자기를 발견할 때가 온다. 대상을 두루 살펴보는 진지한 사유를 통해 통찰의 기회는 시나브로 다가온다. 이같이 통찰은 인내와 견디는 삶으로부터 획득 가능하다. 이와 달리 통찰의 기회를 외면하는 경우가 있는데, 생각 없음과 진보하지 않는 행동이다. 그것은 자기 연민(憐憫)으로부터 외면이라는 사실이다.

여기서 자신을 외면하지 않아야 하는 이유가 존재한다. 자신 스스로를 데려와야 하는 사명이 따르기 때문이다. 따라서 통찰은 자기로의 침투에서 생산되는 배설이다. 그리고 우리의 관념을 배출하기에 앞서 해야 할 일이 있다. 그 관념을 주입하는 과정이 우선시 돼야 한다. 말하자면 나의 고유한 사상을 품고 나에게 알리는 과정이 필요하다. 이것이 자기로의 침투를 감행하는 특이함이다. 이로써 서로 교차하는 통찰은 밝음과 어두운 면을 동시에 볼 수 있는 힘이다. 알다시피 세계는 양태로 이루어져 있다. 즉 두 요소가 결합돼야 한다. 이렇게 자연적 통합의 사실이 존재한다. 이같이 세상의 모든 것은 양태로 기생한다. 그리고 서로 연결되어 보살피며 살아간다. 양면의 절대 법칙과 모호함을 알아야 하는 이유다. 모호함을 견디는 통찰은 최고의 사상으로 올라간다. 이로 인해 낮과 밤을 통합하는 명(明)을 주워 담는다. 나에게 다가오는 고뇌의 삭힘과 통찰의 배설 행위이다. 이러한 배설로 인해 나는 해방을 맛보게 될 것이다. 그것은 정신적 자유를 향한 내적 성과이다.

고뇌는 배설물과 같아야 한다고 했다. 강력한 자기 소화 능력으로 정기적 배설은 또 다른 채움으로 풍부해진다. 우리 안에 도사리는 지저분한 생각거리가 있을 것이다. 그러한 생각을 꼬리를 물듯이 이어 가겠는가? 그러한 생각이 들 때면, 그러한 생각을 소화시키는 내공이 필요하다. 불필요한 집착이 우리의 정신세계를 오염시키기 때문이다. 이에 대해 지저분한 사유거리를 덜어 내고 덜어 낼 필요가 있다. 이로써 나를 내 마음대로 부릴 수 있는 정신을 소유한다는 것. 이러한 자유정신의 획득을 '의식적 벗어남'이라 하겠다. 마치 산 정상에 올라서서 드넓은 풍경을 바라보며 느끼는 감정과 같다. 이곳에서는 군이 언어로 표현할 이유가 없다. 자유정신은 표현하지 않을 숭고함으로 나타난다. 숭고함을 받아들이는 우리는 진리를 말할 이유가 없다. 진리는 드러나지 않지만 보이게끔 유도한다. 진리란 그저 있는 그대로를 보는 것이다. 감춰진 진리를 알아내는 탁월함은 모호함을 견디는 자에게 보여진다. 진리는 마치 번개의 빛처럼 순간적인 드러남일 뿐이다.

22. 당신은 아직도 꿈을 꾸고 있는가? 우리는 분명 꿈꾸고 소망하는 동물이다. 아니다! 꿈이 나를 깨우고 있는 중이다. 꿈이 존재하는 이유는 삶을 예고하는 드라마다. 따라서 꿈에서 바라본 세계를 '이상(理想)'이라고 해야 한다. 꿈을 꾸는 자는 살아 있는 사람이며 깨어 있는 실존이다. 더불어 무의식적으로 이상을 먹으며 자신을 소화시킨다. 그로 인해 이상은 궁리(窮理)로써 다가오는 희망으로 보답한다. 희망하는 정신은 잠들어 있는 세상을 깨우고자 하는 각성이다. 이어서 깨어 있는 정신은 스스로 뭔가를 얻으려는 속셈이다. 그래서 궁리하는 자는 꿈을 꾼다. 그리고 삶의 전반적인 소화력을 강화한다.

　지금 무섭게 꿈이 사라지는 세상이 다가오고 있다. 게으름과는 비교가 안 되는 침묵이다. 이 침묵은 거대한 힘을 가지고 있다. 지나간 소음은 잠들어 버렸다. 과거에 전체주의가 인간의 쓸모없음을 지향했다. 오늘날은 자본이라는 거대한 힘이 인간을 소외시키는 힘으로 작용한다. 자본이 잠들게 하는 분야는 주변에서 쉽게 찾을 수 있다. 생각해 보라! 자본은 역설적이게도 꿈과 욕망을 거세시킨다. 그리고 우리는 자본에 구속되어 살고 있다. 그 굴레에서 우리는 자유를 스스로 구속시키며 살고 있는 중이다.

지금을 보자! 우주-지구-나, 움직이지 않는 현재의 게으름이다. 이제는 한계를 넘어서야 한다. 지루하다. 지금은 움직여야하는데 말이다. 권태와 지루함이 낳은 허무함이 나를 움직이지 못하게 한다. 가장 무서운 허무함의 중력이 짓누르고 있다. 우리는 궁리거리를 궁리해야 한다. 이대로 잠들 수 없다. 거세된 본능적 자아를 깨워야 한다. 항상 깨어 있는 가운데 철학적 성찰이 나온다. 약한 정신은 수면(睡眠)중에 침묵을 강요받는다. 반면 깨어 있고 궁리하는 사람들이 많아지면 세상은 살아 움직인다. 저항과 반항으로 인해 하늘과 대지는 요란하고 진동과 함께 지각이 흔들린다. 이렇게 살아가는 장(場)에서 힘과 힘이 대결할 것이다. 그곳에서 승패가 기다린다. 그리고 활발한 화산이 진동하게 된다. 그 주변에서 우리는 희극과 비극을 다 같이 응원한다. 그곳이 바로 자연스런 인간 투쟁의 놀이터이다. 지나간 역사의 한 축에서 발견됐던-원시공동사회의 아름다움-곳이다. 가장 인간적인 싸움이 시작되는 지점이었다.

23. 우리가 진리를 갈망하는 이유가 있다. 묻고 답하는 동물이기에 그렇다. 내면적 갈등이 본능적 불편함에 노출되기 때

문이다. 또한 진리가 왜곡된 사실을 불편해하기 때문이다. 인간은 불편함을 해소하고자 하는 욕망으로 살아간다. 그에 따라 어색한 불편함을 해소하고자 진리를 갈구한다. 그 불편함이 사라지면 또 다른 불편함이 다가오는지도 모르면서 말이다. 따라서 어떠한 경우이든 진리에 대한 설명을 기대해서는 안 된다. 진리의 갈구는 편해지기보다 불편한 가운데 가치가 있다. 염두에 두어야 할 건, 맹목적 믿음으로부터 진리의 숭배 정신이다. 때론 불편한 진리를 찾아나서는 용감한 정신을 갖추기도 해야 한다. 그래서 인간은 모호함을 견디는 운명으로 성장한다.

우리가 바라보는 세계는 나의 역량으로 나타나는 표현이다. 그래서 지나감, 여기 있음, 다가옴을 인식하는 본성이 따른다. 사람이 할 수 있는 가장 순수하면서도 원초적 발상의 기초이다. 이를 바탕으로 세상과 대면한다. 우리는 홀로 있지만 나의 존재는 타인에 의해 밝혀져 존재하고 있다. 그래서 나는 고독한 자이다. 동시에 서로 있음을 찬양한다. 이러한 과정이 '인간의 본성적 가치'를 찾아 나섰다는 선언이다. 그러나 본성이 다듬어지는 지점을 인식하지 못할 수 있다. 그러면 나의 존재가 시간과 공간 속에서 단순히 견디는 표현방식에 불과하다. 그렇다면 우리의 본질은 무엇인가? 본질은 어떻게 다듬어지는

가? 그 본질은 '가치' 아니겠는가. 지금을 사는 실존이 본질을 앞서야 하는 당위성은 어디인가? 본질은 내가 '나'인가를 확인하는 과정이다. 나의 구실을 찾았다는 본질은 나의 미래를 설계하는 데 기본이다. 그다음 실존적 과정으로 나아가는 길을 열어 놓는다. 실존적 심연의 가치는 무엇으로 발휘되는가? 자신의 힘에의 의지를 동반한 저항과 고뇌의수고 없이 가치는 발생하지 않는다. 가치는 타당하기에 가치로 존재한다. 그래서 우리는 가치를 보고 노려봐야 한다. 그리고 자신의 힘으로 그 가치를 실현시키는 노력을 해야 한다. 자신이 위험하지 않으면 출렁이는 다리를 건널 수 없다.

여기서 세상 속 본질이 변하기를 바란다면, 깊이 파고들어 가는 생각의 수고로움이 작동해야 한다. 우리의 기능적인 역할에 충실한 본질적 삶이 존재한다. 또 본질을 넘어서려는 실존의 위대함도 있다. 이를 인식하는 고뇌란 무엇일까? 생각하기의 연속성에서 본질적 이상은 발견된다. 이어서 정신의 배설을 충실히 하였을 때가 올 것이다. 그리고 정신의 맑음은 지속된다. 사람 사는 세상에서 '심연의 고통'은 필수적이다. 이러한 고통은 질적 가치를 높이는 방법이다. 이에 반하는 생각의 게으름은 '막살기'를 보여 줄 뿐이다. 막살기는 소음이 난무하는 드러남을 기뻐할 뿐이다. 그 결과 인간 존재를 스스로 세상 밖으로 드러내지 못한다. 여기서 잊지 않아야 할 건, 가치를 넘어서려는 자세이다. 정의하기 어려운 인간 본질을 넘어서는 일이다. 실로 가치 체계에 매몰되는 자기를 버려야 한다는 사실이다. 세속적 악마의 속삭임으로부터, 내 자신이 가치를 남발하는 순간을 견뎌야 한다. 자유를 타락으로 멍들게 하는 바보는 되지 말자!

24. 우리는 고통이 생산되는 지점에서 살아나고 강해질 수 있다. 인간이기에 그렇다. 자유를 얻는다는 표현은 이렇다. 고통을 기꺼이 마주하겠다는 소명감에서 비롯된다. 여기서 진정한 자유를 말할 수 있다. 또 표현이 나타내는 그림은 깊은 감수성으로부터 다채롭다. 인간의 감수성은 고상함 그 자체. 시대를 아파하는 느낌이 동반돼야 하는 것이다. 따라서 다가오는 불편함을 피하지 않는 것은 살아감의 책임이다. 이와 함께 아무나 쉽게 접근할 수 없는 심연의 탐구가 필요하다. 탐구와 저항은 지금의 거대 담론에 대한 비틀기다. 그래서 모험을 감행하는 이 시대를 관통하려는 광기의 발산이 요구된다. 이 시대를 의심하고 비틀겠다는 다짐이다. 궁극적으로 나의 품위를 높이는 행위는 철저한 감수성으로부터 시작이다. 이로써 자유 정신을 확보하는 길로 들어선다.

그리고 여기 있음에서 나를 가만두지 않겠다는 의지를 내세운다. 아울러 의식적 벗어남의 반항을 시작한다. 그 의식을 갖는 자는 과거, 현재, 미래를 동시에 사유한다. 더불어 자기를 안으로 유혹한다. 끊임없이 유혹하고 내면으로 이끌게 된다. 비로소 밖을 내다볼 수 있는 시야를 확보한다. 그는 자기로 산다는 것을 스스로 느끼는 자이다. 자각(自覺)은 사유하는 궁리거리가 주는 의미를 묻게 된다. 지금의 여론, 교리나 전통에 대한 의문이며 질문이다. 궁리가 말하고자 하는 의도는 무거운 중력에 대한 꿈틀거림의 시발(始發)이다. 또 주변의 환경을 변화시키겠다고 파동을 일으키는 주동자다.

이어서 미완성으로 남을 수밖에 없는 삶과 사유의 정점은 새로운 문제를 제시한다. 그러한 문제를 인식하는 것이 우리의 의무이다. 또한 모든 미완성은 버리는 것이 아니다. 후세대에게 물려주어야 할 놀이 방식이다. 우리가 남겨 놓을 미완성의 세대적 연결이 이러한 숙제에 대한 놀이다. 비록 미완성이라 할지언정, 우리의 책임은 후세대에게 최소(最小)한의 미완성을 넘겨주는 일이다. 그래서 최소의 미완성은 완성이다. 그것은 우리에게 드리워진 허무함을 새로운 가치로 변하게 하는 재산이다.

25. 사실(事實)은 있는 그대로를 나타내는 현상이다. 자연계의 있는 그대로의 객관적 현실을 말한다. 사실은 인간이 자연을 제대로 보는 선물이다. 인간세계에서도 사실을 논하고 받아들이면 미래의 설계도가 보인다. 사실은 과거의 산물이며 지금을 바라보는 척도이다. 그다음 미래의 창이 넓어지는 계기가 될 수 있지 않겠는가? 사실적 가치에 중심을 두는 사고는 자신과 세계를 동등하게 보는 시각이다. 그다음 비틀기를 시도하는 자가 돼야 한다. 설령 두려움이 지속되더라도 미래를 탐구하는 '찾아 나섬'은 비틀기의 연속이다. 그래서 평소에 자신을 관찰하는 사람은 자기만의 이야기를 써 내려 간다. 서사적(敍事的)이다. 순수한 사실적 역사를 인식하는 사람은 다르다. 어떻게 내 자신이 존재하는지 깨달은 사람이기 때문이다. 그리고 자기를 알아가는 데 익숙해진다. 아울러 세상의 지평을 넓히는 데 전문가적 소질을 보이게 된다. 이제 삶의 목적이 무엇이라 질문하지 말라. 그 목적 자체가 무의미할 수 있다. 그래서 산다는 것에 대한 특별한 의미 부여는 스스로 나를 가둔다. 그러나 절대 방심하면 안 될 일은, 산다는 것에 대한 질문을 놓치지 않아야 한다는 것이다. 그리고 왜 사는지에 대한 질문을 포기하지 않는 것이 중요하다. 삶의 목적은 이 안에 존재한다.

앞서 인간은 스스로 질문하는 동물이라 했다. 인간은 스스로 역사가 되고 현재를 살고 미래를 바라본다. 이게 삶이 주는 단순하고도 명백한 사실이다. 아울러 지나감을 유쾌한 역사로 기억에 잡아 두어야 한다. 그다음 현재의 여기 있음을 즐겨야 한다. 이는 다가옴의 미래를 설렘으로 채워야 할 홍분거리다. 지금 가장 중요한 사실은 내가 존재하는 방식이다. 사람은 현실을 생각하며 살아가야 하는 동물이기 때문이다. 아울러 우리는 실시간 책임을 느끼면서 살아간다. 이와 함께 염려하는 의식 속에 존재한다. 그리고 스스로를 이 세계로 던지는 삶을 살아간다. 그러나 안타깝게도 우리는 그것을 외면하면서 살고 있다. 그리고 미래의 모습이 어떻게 되리라는 기대를 속여 가면서 살고 있다. 우리가 느끼는 이 순간, 나에게 주는 선물은 아픔이다. 아파하는 고통은 쾌락으로 전락하기도 한다. 이렇게 차갑고 냉혹한 지배적 공기는 비극적이다.

26. 지나간 종교적 믿음의 시대로부터 우리는 진실을 거부한다. 이제는 본격적으로 의심의 시대로 진입했다. 다가올 시대를 과거의 맹목적 교조주의(教條主義)의 굴레에 맡기면 안 된다. 미래를 겨냥한 화살은 의심의 심장을 관통하고 지나간다. 그러나 아직은 새로움이 충격을 주지 않는다. 아마도 그 새로

움이란 존재하지 않을지 모른다. 오직 관념에만 머물 뿐이다. 지금까지 어떠한 투명함도 발견할 수 없다. 그럼에도 불구하고 인간의 능력은 무궁하다고 생각할지 모른다. 하지만 가장 위험한 발상은 인간이 미래를 설계하겠다는 오만함이다.

우리가 보고 있는 모든 것은 '여기 그렇게 있음'뿐이다. 다가옴의 미래는 아직 아무것도 없다. 지나간 과거의 찌꺼기는 소용돌이에 휘말리고 사라지는 중이다. 다행이도 지나감의 과거와 다가옴의 미래가 힘을 발휘한다. 이러한 사태가 현재를 좌우하는 사람살이로 거듭난다. 그리고 오직 오늘을 살아갈 의무감에 충만해야 한다. 이러한 의무감이 나에게 사명으로 인식되도록 이끌어야 할 일이다. 그래야 다가옴에 대한 책임감이 솟아오르는 기상을 갖는다. 그래서 나에게 인식된 시간에 대한 굴레를 애써 버려야 하는 이유가 존재한다. 통찰은 전체를 관통하는 지름길을 발견하는 데서 나온다. 따라서 여기를 의심하겠다는 욕망은 자기를 데려오려는 자이다. 그는 주체적이며 존재의 밝힘을 갈망한다. 이윽고 자기 욕망의 주인이 되다 보면 나에게 집중하는 현상이 발견된다. 서서히 나에게 통찰이 다가오고 있다. 이 지점에서 전체를 아우르는 시간 없는 세계를 경험할 수 있다.

27. 나의 일상적 상념(想念)이 세속적 가치 기준일까? 새로운 가치를 창조하는 자는 비도덕주의자다. 기존의 선과 악을 넘어 관습에서 멀어진 존재이다. 가장 타락하기 쉬운 것이 가치 기준을 갖는 엄격함이다. 그 이유는 얽매이는 살아감은 타락을 조장하는 발판으로 작용하기 때문이다. 아울러 유목민적인 자유로움이 탑재되지 않는 인간은 타락을 맛보아야 살아진다. 유목적인 아닌 정착민이 살아가는 방식인 지금이 그러한 현실을 보여 주고 있지 않는가? 나는 그 정착민의 가치에 얽매이고 있는 중이다. 더불어 나를 속이는 행위는 지금을 아프게 한다. 아마도 현재를 '무의식적 따라감'으로 살고 있는 것 같다. 그렇다면 시간과 공간 그리고 나-실존-의 존재, 있음과 없음을 통합하는 화두(話頭)는 무언가?

  엄격하게도 우리는 시간을 살고 공간을 거닐며 이 세계에서 살아간다. 그렇다면 여기 있는 실존적 가치는 어떻게 표현되는가? 이 거대한 공간에서 의문을 품은 질문은 질문다운가? 아니면 그 공간 안에서의 사고는 제한돼야 옳은가? 이 세계의 가치를 발산하는 본질적 파악은 미약한 화두다. 거대 담론(談論) 속 단조로운 쓰임새의 본질은 사람을 도구로만 표시한다. 나아가 인간이 생각하는 척도가 가치 중심적으로 정착한 사태를 말한다. 도구에서 탈피하여 그 이상을 알아내야 하는 인간이다. 가치 척도의 산물은 슬픔이다. 가치 척도는 인간과 노예라는 명료한 이분법으로 세계를 지배해 버렸다.

이러한 영향으로 끝이 보이지도 느껴지지도 않는 관념을 낳고 있다. 그러한 심연을 애써 파고드는 이유는 어디에서 비롯되는가? 인간의 뇌의 구조는 오랜 세월 동안 만들어지고 설계되어 왔다. 한계를 극복하려는 의지는 그 설계됨에 대한 저항이다. 고통의 연속이다. 따라서 자신이고자 하는 본능적 나아감은 더 높은 삶을 희망한다. 하지만 스스로 한계라는 지점을 통과하지 않는다면 우리는 영원히 노예로 전락한다. 그래서 삶과 죽음이란 영원히 돌고 돌아갈 거대한 움직임으로만 작용한다. 이러한 엄격한 자연적 흐름에 나의 존재는 작아진다. 작아진다는 것은 거대한 바다 위에 떠 있는 작은 조각배와 다를 바 없지 않는가? 그냥 무심히 바라볼 수밖에 없는 작은 조각들이다. 그 조각들의 움직임은 필히 자연적이다. 자연을 거스를 수 없는 법칙이 인간세계에 반드시 존재한다.

28. 시간이라는 엄밀함에 노출된 삶의 궁극적 목적은 무엇일까? 무의식적 두려움인가? 시간 속에 밝혀지려는 존재는 목적을 두고 있다. 그러한 존재는 시간에 구속되어 살아간다. 우리는 애써 목적이라는 관념을 왜? 가지고 있는 걸까? 이 위협

적인 공간과 무심한 시간관념의 강제력. 그러나 우리가 제기하는 세상의 궁극적 질문에 대한 답은 응답하지 않는다. 아니, 없다고 할 수 있다. 우리는 이 세상을 전부 알 수 없다. 그래도 삶과 이 세계의 궁금증에 대한 갈증이 엄습한다. 하지만 삶의 의문에 대한 궁극의 질문은 허상(虛像)일 수 있다. 그 또한 우리가 밀고 나가야 하는 불편한 행위일지 모른다. 그럼에도 불구하고 삶이 주는 고통에도 질문하지 않으면 '나'는 무엇인가? 그것은 나의 실존은 물론이거니와 존재하지 않는 것이다. 나를 미워하는 행위 중에 최악은 나에게 말 걸지 않는 "나"이다. 나에게도 관심 없는 나는, 존재의 이유를 모른다. 그래서 나를 버리는 변명으로 '세상이 나를 버렸다.' 한다. 그럼에도 삶에 대해 질문을 갖는 것은 나의 책임이다. 강조하거니와 인간 실존의 책임은 척박함을 받아들이면서 살아가는 것이다. 이렇게 삶의 질문을 갖는 이들은, 세상을 두려움으로 대하는 이들에게 항상 새치기를 감행한다.

우주를 포함한 이 세상의 모든 것은 '그냥 흐름'이 아닐까? 인간이 아무리 궁극적 답을 갈구하더라도 응답에 대한 만족은 없다. 이 같은 사실에 기초하면 '그냥 흐름'이란 웃을 일이 아니다. 어차피 죽음이라는 피할 수 없는 필연적 운명 앞에 놓인 사건 말이다. 한편으로 이성적 동물인 인간만이 우연에 심각함을 주입하는 어리석은 존재가 될 수 있다. 동물들을 보라! 그 냥 흐름이란 자연환경에, 자신을 적응하고 산다. 그들로부터 어디에서도 불만이라는 동심이 필요치 않다는 걸 알 수 있다. 단지 마련된 환경-있는 그대로-에 맞설 뿐이다. 그렇게 동물들 은 시간이 필요치 않는 있는 그대로를 받아들인다. 그러나 이 성적 사고를 이어 받은 인간은 다르다. 우연적 사건에 대해 합 리적 대응 능력을 겸비해야 하는 불운도 갖고 있다. 우연이라 는 인식을 가질 수밖에 없는 인간이다. 이윽고 끝없는 삶에 대 한 의문을 제기한다. 생각하는 인간의 숙명(宿命)아닌가?

그렇다면 인간은 왜? 이렇게도 우연에 반항하는가? 이 또한 자연스런 반항과 저항으로 간주한다면 답은 쉬울 수 있다. 다 가옴에 대한 모호함이 주는 두려움 때문이다. 인간은 항상 미 완성의 두려움에 노출되어 있다. 미완성의 부족함을 스스로 인정하는 인간은 없다. "나는 완성이고 너는 미완성이야."를 외치는 게 인간이다. 이렇게 외쳐 대는 우리 세계의 안타까움 은 인간일 수밖에 없는 슬픈 정적이 감돈다. 이 세계가 선사하 는 비정함에 고통이라는 어길 수 없는 받아들임. 억지로 필연 에 의한 삶만 산다고 치면 너무나 메마른 상상일까. 미래의 불 안은 오히려 정신적 바로 섬을 주문하고 있다. 따라서 우리가 가야 할 길은 따로 있다. 운명적 새로움의 길을 열어 놓는 염

려와 책임이 따른다. 그것은 우연과 필연이라 칭하는 인간의
논리가 아니다. 따라서 인간세계의 모든 현상을 '그저 흐름에
일부임'을 각성하는 자세다.

29. 우리의 삶 속에는 모순(矛盾)이 수없이 발생한다. 서로에
게 위안거리다. 이래도 저래도 인간은 모순이다. 사람은 어떻
게 하든지 모순을 일으키고 고뇌하면서 상승한다. 따라서 완
벽하지 않을 인간의 나약함은 살아지는 대로 살아지지 않는
다. 이러한 살아감에 답을 구하려고 애쓰지 않아도 우리는 답
을 찾고 있는 중이다. 곰곰이 생각해 보면 보이는 것이 전부가
아니라는 말이다. 보고 있는 실체가 전부라고 생각하면 가장
우둔한 자이다. 우리의 마음은 보이지 않는 곳을 향해 있다.
이 마음을 밝혀내는 작업이 우리가 할 일이다. 상대적으로 전
부 밝혀낼 수 없는 것이 마음이다. 말하자면 인간이 발산하는
이성과 감정은 새벽의 여명과 같다.

　어둠이 걷히고 밝음이 도래하는 '그 순간의 감정선'이라 할
수 있다. 모호하기 그지없는 나에게 드리워진 이성과 감정이
그렇다. 스스로 위안을 하자면 아직 파악되지 않는 순수다. 하
지만 우리는 대중 속에 갇혀 있다. 대중 속에 침입한 거대 담
론의 고착화가 우리를 경직시키는 요인이다. 그럼에도 우리는

탈출을 감행해야 한다. 그러기 위해 고정관념을 파괴하는 작업이 필요하다. 그러한 작업을 위해 용기와 욕망을 열망해야 한다. 그래야 순수함의 감정선을 걸러 낼 수 있다. 이러한 의식적 감각이 무의식의 따라감으로부터 의식적 벗어남을 향해 간다. 그 반항이 나를 데려오려는 욕망이다. 지금 이 순간 숨어 있고 가늠하기 어려운 자아가 말한다. 나를 데려오는 과정에는 수없이 많은 외적 요인이 있다고.

존재하는 또 다른 나! 이를 인식하는 것은 인간이 실행하는 성찰이 아니겠는가? 너무 자책하지 않아도 된다. 나의 소멸이 이를 때까지 나의 존재감이 도사린다. 새벽의 여명과 같다. 그래도 진리의 존재는 은폐되지 않을 희망이 있다. 그 진리를 드러내게 하는 것도 '나'이다. 알고자 하는 희망은 결코 끝나지 않을 우주 운행과도 같을 것이다. 그래서 이 세상은 결코 운행을 중단하지 않는다. 역시나 나는 희망을 걸어 보는 연애를 감행할 뿐이다. 나의 존재는 여기에서 살아감에 대한 책임이다. 그 책임은 살아가는 과정 속에 드러난다. 그것이 나에게 주는 공손한 응답이다.

30. 우리의 살아감은 엄격히 책임지는 길 위에 서 있다. 그리고 내 자신을 스스로 책임지는 과정이다. 그 와중에 평탄치 않

는 현상과 마주한다. 또 게으름의 순간을 경험한다. 게다가 그 길의 마디마디 수많은 시행착오를 맞이한다. 그로부터 다가옴에 대한 두려움, 어두움, 모호함이 낯설음의 흥분을 맛보게 한다. 내가 게으름을 피워도 세상은 말이 없다. 우리는 무심하기 그지없는 세상 위에 서 있기 때문이다. 저기 수평선을 바라보는 당신의 뒷모습을 상상하라! 쓸쓸함과 고요함으로 더욱더 당신을 웅장하게 하리라. 또다시 스스로 수평선을 바라보는 너의 뒷모습을 관찰하라! 이제는 알아야 한다. 과거와 현재를 바라보는 관점은 항상 늦은 감이 존재한다는 사실이다. 당신의 뒷모습이 고독한가? 그러면 자신으로 살고 있는 거다. 고독을 느끼는 행운이다. 자기를 본다는 것은 최고의 성찰이며 반성의 근거로부터 나온다. 그것은 인간의 영역에서만 일어나는 일이다.

성찰은 과거의 반성과 현재의 느낌으로부터 나온다. 반성은 늦음이라는 성찰이다. 잘못이 아니다. 이러한 인식은 다가옴의 알 수 없는 세계를 탐구한다. 이렇게 우리는 모호함을 견디는 자세로 거듭난다. 견디는 자는 자기 세계를 불안과 염려하는 방식으로 성찰한다. 이러한 인식의 세계는 인간의 고유 영역이다. 이어서 인식의 세계를 넓히는 만큼 진리를 향한다. 그렇게 지평을 넓히는 당신의 해석적 관점은 다양해질 것이다.

앞서 말했듯 진리라는 표현은 나타나지만 숨겨져 있다. 그것은 우리가 탐구한 세계의 다양함에서 오는 선택지에 달려 있다. 진리를 표현하는 올바른 방법은 절대적이지 않다. 다만 최선을 다한 탐구의 영역에서 동감(同感) 수준에 달려 있는 문제이다. 진리에 목마르지 않아도 될 일은, 진리란 따로 존재하지 않는다는 사실이다. 다만 우리가 살아가면서 스스로 길을 만들어 낼 뿐이다. 진리는 꾸준히 존재하고 있으며 변하고 있는 중이다. 지금도 인간세계의 진리는 나타나고 사라지고를 반복한다.

여기서 변화되는 진리를 포착하는 지혜를 가져야 한다. 그로 인해 세계를 해석하려는 인식의 지평을 넓힌다. 이러한 시도로써 진리에 접근하는 행운을 얻을 기회를 갖는다. 따라서 인식을 바탕으로 한 해석의 주체적 감성이 필요하다. 아울러 감성을 유발하는 것은 인간에게 주어진 최고의 선물이다. 이렇게 우리는 악의적이고도 선한 인식 아래 살고 있다. 또한 자기 몫으로 주어진 불행과 행복의 추를 왔다 갔다 한다. 그러면서 우리는 그 줄타기에 열중하고 있다. 더불어 우리의 반항은 시간 감옥으로부터 과감한 이성적·본능적 탈출로 표현된다.

31. 우리의 삶이 강력해질수록-의지의 발휘-바라보는 세계는

넓고 다양함을 맞이한다. 나의 강력함은 살아감의 유쾌함에서 비롯된다. 그렇게 됨으로써 스스로 존재함을 알아챈다. 그와 동시에 우리는 존재를 밝혀낸다. 이렇게 삶을 강하게 하는 의지는 시야를 넓히는 자기표현이다. 아울러 미래의 두려움이 매 순간 다가오는 것을 견디는 자세이다. 그래서 궁극의 현상을 궁금해 하고 이를 이해하려는 '철학'이 나오는 순간이다. 인간은 태어나서 죽을 때까지 철학의 굴레를 벗어나지 못한다. 철학의 기본적 요건은 질문을 던지고 찾아 나섬을 실천하는 자세이다. 철학적 사명감은 자기 존재를 밝히는 과정이기도 하다. 과학을 신봉하는 이 세상의 펼침에 맞서 본래적 자기-미래를 여는-를 데려오는 책임이다. 다시 말하면 이성적 사고를 추앙하는 지난 역사의 철학으로부터 본래적 존재를 데려오는 무거운 책임이다. 즉 일상적 살아감으로부터 잃어버린 자신을 데려오는 과정이다. 이어서 본래적 삶이 무엇인지 깨닫게 된다.

삶을 책임지는 우리는 동물과 다른 사고력으로 이세상과 대면한다. 인간이란 지금 여기에 존재하지만 앞으로 나아감에 대한 기대를 품는 동물이다. 끊임없이 뭔가를 기대하고 이루려는 가능성을 배태(胚胎)하고 있는 동물이다. 그러한 살아감에 대한 책임은 나에게 달려 있다. 책임 있는 생각은 나의 경험적 지식을 바탕으로 하는 배설하는 행위다. 이로써 삶을 강력히 만들려는 당사자가 되는 것이다. 그렇지 않으면 우리는 '막사는 자'일 뿐이다. 보라! 우리 앞에 지나간 일과 지금하고 있는 일이 있다. 또 미래가 가져다줄 그 무엇이 놓여 있다. 나답게 존재하기 위해서는 '항상 용감해지는 일'이다. 비록 나약하고 게으르다고 할지라도 말이다. 아무튼 우리가 비집고 들어가야 할 동굴은 어디에나 존재한다. 지금 이 순간에도 찾아 나서지 않으면 안 될 곳이 많다. 그 중심에는 어둠에 갇힌 동굴 속 나의 정신세계다. 그 수수께끼를 푸는 것이 나의 책임이다.

32. 살아감에 의미는 여기 있음을 넘어섬에 있다. 인간이 항상 꿈꾸는 이상(理想)이다. 여기 있음을 알고 나의 수평선을 인식한다. 그 다음이 넘어섬이 될 것이다. 어느 순간 수평선의 넘어섬을 알아 갈 때가 온다. 그때가 나의 존재를 나타내는 시기이다. 나아가 지워지지 않는 흔적으로 남는다. 그래서 인간은 동물과 다름을 표현한다. 한편으로 우리는 여기에 있으면서 조금만 더 넘어섬과 찾아봄을 실천해야 한다. 그곳에는 내가 알지 못했던 새로운 세계가 반드시 존재한다. 살다 보면 우리의 머무르는 흔적은 남지만 사라지는 것은 한순간이다. 더 이상 그곳에 머물지 않겠다는 용기는 희망이라는 지독한 망상과

혼합된다. 따라서 위험하게 사는 용기가 필요한 게 사람이다.

보자! 강력한 삶의 방식은 무엇을 낳는가? 위험하게 사는 것이다. 그것은 각자의 기품으로 나타날 수 있다. 기품의 무겁고 강하다는 의미는 외부 조건에 흔들리지 않는 자세다. 이러한 자세는 쉽게 자기의 정체성을 훼손하지 않는다. 따라서 위험하게 사는 방식과 견디는 용기를 수반한다. 이렇게 살아감의 뜻을 스스로 밝혀 보는 자세가 나를 살게 한다. 그리고 자기에게 때론 진지해질 때다. 명심해야 할 건, 너무 자주 진지함에 노출되면 곤란하다. 장기간의 멈춤은 고인 물처럼 썩어 갈 수 있다. 바라건대, 정체성이 고인 물처럼 멈춰 버리는 어리석은 환상은 불필요하다. 나에게 닥쳐오는 매 순간의 쉽지 않는 살아감이 놓여 있다. 이는 새로운 물이 흐르듯 청량한 생각거리와 동반돼야 한다.

궁극적으로 살아감의 강력함은 무거운 중심을 잡는 것이다. 그 중심은 어떠한 외부적 조건에도 흔들리지 않는 강함을 나타낸다. 현실적 안락함과 이데올로기, 특히 물질적 영향으로 나를 이끌지 않는다. 그러한 경지에 오르기란 쉬운 일은 아니다. 하지만 시간이 아닌 세월의 흐름을 타는 사람에겐 다가오는 사실이다. 그래서 나를 외부 조건의 영향 아래 두는 행위만큼 어리석은 일도 없다. 따라서 항상 자기 기분을 긍정적으로 유지하기 위해서는 주변의 집착거리를 털어 내는 일이 우선이다.

33. 우리는 예측 가능한 일에 대해 두려움을 해소한다. 하지만 예측 불가능하거나 모호한 일에 대해 불안과 두려움으로 마음을 흩트려 놓을 수 있다. 특히 자존감이 낮아졌을 때이다. 이는 부정적 감정이 상승하여 타인과의 소통이 원활하지 않게 된다. 자기가 하고 있는 일이 어딘가 부적절할 경우 자존감이 낮아진다. 이는 곧 스스로에게 불만이나 부끄러운 생각으로 채워진다. 이로써 마음가짐은 좁은 협곡을 빨리 벗어나야한다는 조급함에 노출된다. 사람이 예민해진다는 것은 모호함에 쉽게 마음을 편안하게 할 수 없는 것이리라.

34. 우리가 지나간 과거를 배우는 이유가 있다. 미래를 밝혀 보려는 오만함이 여기에 도사린다. 한편으로 지금이 의심스럽기 때문일 것이다. 아울러 미래의 모호함에서 오는 확신을 갈구하는 욕망이다. 그래서 시간을 살아감에 있어 공간의 3차원을 통찰해야 한다. 과거가 주는 교훈과 현재가 질문하는 의심스러움이 미래를 밝히려는 정신이다. 정신을 풍성하게 하는 요인은 항상 깨어 있는 자신을 느끼는 것이다. 스스로 뭔가를 밝혀 보려는 시도는 나에게 주는 최고의 선물이다. 이러한 시

도는 최종적으로 추구하여야 할 자유로의 외침이다. 또한 철학은 나에게로 돌아온 주관적 성찰에서 비롯된다. 이어서 나에게 던지는 질문으로 시작된다. 지금의 사태(事態)를 제대로 파악하는 냉철하고도 엄격한 자기 검열의 과정이다. 이윽고 냉철한 사유가 찾아올 때, 그것이 곧 나의 자유를 획득하는 길이다.

칼 막스의 '정신적 자연스러움'은 들에서 자라는 들풀처럼 생존하려는 강렬함이 있었다. 그가 살았던 시대가 괴로운 현실이었다. 그에게는 미래의 새로움과 미래의 창을 열어 보려는 반항 정신이었다. 그의 방식대로 삶을 살아야 하는 운명은 파괴적 자기 성찰을 견뎌야 하는 운명이었다. 그러한 운명이 미래를 내다보려는 의지로부터 나온 것이다. 거친 파도를 헤치고 나아가는 배와 같다. 역사가 말하듯, 스스로 견디는 자는 광인(狂人)이다. 커다란 미래 속 변화의 물결에 큰 파동을 일으켰다. 그리고 시장 속 군중들은 파동의 원인자를 숭배하고 따랐다.

항상 미래를 생각하는 자는 과거와 현재를 진단하기 마련이다. 그리고 반항과 저항을 함으로써 괴로워하는 어리석음을 방출한다. 이는 선지자의 몫이다. 이 세상에 인간 인식의 성숙함을 이끌었던 사람들이 존재했다. 그 시대 사람들이 보기엔 어리석은 존재였다. 무엇보다 광기를 보였던 사람들이었다. 그리고 그들은 자유를 잃어 갔다. 비록 자유를 잃어 갔지만 영원한 자유를 획득했다. 자유의 의미가 무엇인지 제대로 알기는 어렵다. 하지만 달려드는 자유를 타락의 발판으로 생각하지 않아야 한다. 그들은 자유라는 이 세계의 공허함을 알았었다. 그렇기에 자유가 어디에 있는지 깨달은 사람들이었다. 자유라는 이념은 반드시 구속 내지는 부자유와 겸상(兼床)하기 마련이다. 자유를 알았던 그들의 업적은 거대 권력에 대항했던 공통점이 있었다. 스스로 의식적 벗어남을 감행했던 사람들이었다. 궁극적으로 자유로운 사람은 위험하게 살아갈 탐험가다. 또 어둠의 세계를 밝히려는 광인을 자처한다. 더 나아가 실천적 자긍심으로 무장한 자기의 존재를 최고의 시선으로 밝히려는 자이다.

35. 종교적으로 해탈했던 사람은 어떤 사람일까? 내적자기 성찰과 본래적 자기를 데려오는 실천가인가? 자연의 무(無)를 알았던 최고의 인간 유형! 혹시, 흔히 말하는 외부적 조건에서 자유로운 사람은 아닐까. 자기 의지 외에 외부적 환경 변화는 마음을 요동치게 하는 충분조건이다. 외부 조건의 요동침에 동요하지 않는 무게중심을 가진 사람들은 많았다. 따라서 실

로 강하다는 의미는 강력한 마음을 스스로에게 주입하는 자이다. 그래서 자기 살아감의 강력함은 독립된 인식의 세계가 넓어진다. 즉 자기 존재를 데려오는 사람이다.

삶을 생각하건대, 지금을 그대로 바라보고 흘러가는 대로 내버려두는 것도 방법일지 모른다. 이 불편하고도 부조리한 세상에 응수하는 방법이다. 세상이 비웃듯이 세상에게 비웃고 싶다. 너의 뜻대로 아파하지 않을 것이다. 되는대로 바라보고 살아가는 것. 그러나 내버려둬도 스스로 쓰러지지 않는다. 지금 할 수 있는 일은 지금까지 깨달은 바를 나에게 알리는 것이다. 아~ 질문이 난무하는 이 세계! 삶의 방식에 지쳐 가는 사람들. 하지만 무심한 존재밖에 있는 모든 것은 그냥 흘러간다는 사실이다. 이같이 존재 밖에서 벌어지는 일들은 흐르는 물과 같다. 세계는 영원한 반복의 연속이다. 우리는 연속되는 소용돌이에 갇혀 살아간다. 미세한 차이에 불과한 살아감을 반복한다. 이러한 소용돌이에서 빠져나올 수 없다. 인간이기에 더욱 그렇다. 그러나 살아가는 것에 대해 적극적으로 저항해야 한다. 바보 같은 생각이다. 어리석다. 이 순간 소용돌이에서 탈출하려는 시도는 뭔가? 결핍의 반항이다. 조금 더 큰 원을 그리기 위한 발버둥이다. 결핍은 무엇인가? 우리에게 결핍이 주는 냉정함은 열정을 수반해야 끓어오른다.

관념에 머무르는 작은 원에서 탈출은 '철학 하기'이다. 철학 하기의 출발은 더 큰 원을 그리기 위한, 이 세계의 '있음과 없음'을 이해하는 주관적 방식이다. 그리고 나로부터 존재를 데려오는 일이다. 정제된 사유를 통한 존재를 밝혀내는 작업. 그렇게 존재는 나로부터 밝혀지는 경이로움이다. 무(無)라는 이 거대한 물음이 뜻하는 바는 새로움의 발견이다. 열려 있는 창은 '아무것도 없음'으로부터 시작이다. 아울러 무한 가능성을 내포한 기회라는 열림을 보는 시각이다. 여기서 새로운 시작이 발견되는 지점이다. 그때 비로소 우리가 아무것도 없음의 의미를 이해할 때가 올 것이다.

36. 각 세대의 둥근 원은 결핍으로부터 더 큰 원으로 진입한다. 자기 불만에 의한 욕망에 따른 생성 철학의 배설이다. 인간은 자유를 갈망하는 존재다. 우리를 가두는 거세게 돌아가는 소용돌이가 휘몰아친다. 이 소용돌이가 나를 가두지 못하게 해야 한다. 인간이 할 수 있는 가장 돌발적인 일을 감행해야 할 때다. 강력한 순수함이 더 큰 원을 만들어 가는 '의지'이다. 아직까지 작은 원은 변화되지 않는 일상의 반복 횟수를 경험한다. 이러한 반복이 지루하다고 느껴질 때마다 더 큰 원으로의 탈출이다. 그것은 창조의 시작이다. 하지만 궁극의 결과

와 목적지가 없다. 다만 새로움과 창조의 반복이 오래 지속되게 하는 방법만 있을 것이다. 여기서부터 의식적 벗어남이 꿈틀거린다.

내가 그리는 원만큼 또는 크기만큼 철학은 넓어진다. 그래서 생각의 깊이만큼 사람은 위대해질 가능성이 많다. 하지만 생각하지 않으면 동물에 가깝게 살고 있는 중이다. 그래서 동물 취급을 받더라도 분노할 당위성은 약화된다. 살아가면서 내가 그리는 무늬는 사고력의 깊이만큼 표현된다. 그 무늬는 과거가 된다. 다시 그것을 꺼내 볼 때가 올 것이다. 과거는 낯선 손님처럼 다가온다. 따라서 무심코 지나간 것에 대한 새로운 고찰이 요구되는 순간이다. 지나간 역사라지만 나의 서사적 흔적이다. 나에게 연민을 선사하고 실제로 내가 그렸던 무늬의 경이로움을 이해하자. 그 경이로움은 내가 지나쳤던 무심함속에 있다. 경이로움! 내 앞에 펼쳐진 있는 그대로의 자연이다.

37. 양분된 사고는 늘 선택 앞에 서 있다. 우리는 그 선택에 희생되고 결심을 요구받는다. 지금도 어느 하나의 선택이 나의 삶으로 표현된다. 아울러 스스로 평가하고 아파한다. 그래서 고뇌는 아름다운 배설 행위다. 이러한 행위는 무의식에서 깨

어나는 의식적 벗어남의 발버둥이다. 우리가 애써 벗어나려는 의지를 가질 때가 있을 것이다. 그 순간 번개처럼 관점의 영역은 다양해진다. 그러한 때가 오고야 만다. 관점의 세계는 여기에서 공간을 넓혀 가고 또 다른 큰 원에 진입한다. 관점의 다양함은 세계의 숨어 있는 존재를 탐색하는 여행이 된다. 그래서 인간의 사유가 얼마나 기쁨으로 다가오는지 말할 필요는 없다. 자기의 고유한 생각거리로 찾아 나섬을 실행할 때 비로소 나를 발견하는 행운을 얻기 때문이다. 그것이 행복이다.

38. 우리의 살아감의 의지가 활발하고 광범위하다면, 내가 아는 세계는 넓어지게 마련이다. 그 가운데 나에게 달려드는 존재의 물음에 응답하리라. 살아감의 책임에 따른 보상이다. 이윽고 이 세상 모든 현상에 대한 우연과 필연에 동의하지 않을 때가 올 것이다. 그때가 비로소 순전히 나의 의지의 발동만이 유일함을 알게 된다. 이러한 힘의 작용에 의한 변화가 나에게 선사하는 행복의 순간이다.

39. 아무리 나를 속이려 한들 정숙(貞淑)함은 저 밖에 있다는 사실. 그래서 나의 소란스러움은 비겁하다. 그 정숙함을 유혹하더라도 소용없다. 야속하게도 흐르는 물처럼 흔적 없이 사

라진다. 어김없이 또 다른 사상을 요구받는다. 아~ 이러한 요구에 지쳐 가는 살아감. 그래서 나를 고귀하게 하는 방법은 침묵을 배우는 것이다. 그래야 오래 간다. 아무튼 현재가 여기를 보이게 하는 기준이 존재한다. 지금은 그 현재가 무거운 중력 이상으로 느껴지고 있다. 역시 수고로움이 동반되지 않는 가벼움은 존재하지 않는다. 생각하지 않는 게 가벼움이 아니다. 끊임없이 덜어 낸다는 것은 생각하면 할수록 가벼워지는 일이다. 생각하기가 던지는 또 다른 버림이며 가벼움이다. 그래서 우리는 날아가는 이상을 확보하고 '자유정신'을 얻는다.

이제 자유정신이 말하는 바를 데려오라. 시간과 공간이 지배하는 영역. 그러한 영역에서 거대 담론과 물질에 현혹되지 않아야 가볍다. 그 가벼움은 맑음을 유도하는 토대가 된다. 마음을 가볍게 하는 일이 얼마나 어려운 일인가? 그래서 지금 무의식적 따라감의 무게에서 살고 있는가를 점검해야 한다. 사람의 기억이 쌓일 때를 생각해 보면 무게가 느껴지는 것은 사실이다. 버리기라는 가벼움의 물리적 현상은 무언가? 망각하는 소화력이다. 과거를 그것도 씁쓸한 기억을 버리는 습관도 중요하다. 가벼워지는가? 그렇다! 가벼워지는 건 생각의 깊이만큼 버리는 요령도 필요하다는 뜻이다. 그래서 정숙함이 따라오는 것이다. 망각이라는 소화력이 주는 효과다.

40. 나의 존재는 타자의 의지로도 확인된다. 이렇게 사람은 서로에게 거울이다. 그리고 허약한 동물임을 스스로 고백한다. 또 나를 의식함으로써 존재한다. 더 나아가 존재의 자유를 말하자면 이렇다. 자신과의 관계로부터 시작이다. 그다음 타자와의 관계로 이어진다. 이로써 존재를 구명(究明)하게 된다. 밝혀진 존재는 그 이상의 것을 갈망한다. 어떻게 보면 있음과 없음이 공존하듯 비존재의 실존이다. 우리 인식 밖에 있는 준비 상태다. 따라서 존재의 자유는 나와의 관계는 물론이거니와 타자에 의한 밝혀짐을 포함한다. 단순하게 말하면 내가 존재하지 않으면 나에게 세상은 없다. 그래서 실존은 내가 느끼는 현상에서 비롯된다. 이어서 세상을 심각(心覺)하게 느껴야 할 책임감이 필요하다. 결국 자유의 획득은 나와 타자를 상대하는 것이다. 물론 자유는 우리가 추구하는 이상(理想)에서 완성된다. 여기서 자유란 허무함을 배제한 나를 오롯이 느끼는 감정이라 할 수 있다.

내 스스로 느끼는 감정은 나의 의지로 표현된다. 유일하게 발현되는 나의 의지로 세계는 내게로 다가온다. 그 외의 실존적 사실은 나에게 드러나지 않는 것이다. 내가 보는 관점의 시선은 마음으로 침투하게 마련이다. 그 마음이 표출되는 감정이 내가 바라보는 세계이다. 인식 범위를 넓혀 보면, 존재는 세상에 드러나지 않으면서 인식된다. 존재감의 인식은 감각적이지 않다는 사실이다. 여기서 우리의 느낌이라는 표현을 빌리자. 나를 포함한 모든 것은 나타나지 않는 존재감을 내포한다. 이 영역을 가져오는 유일한 동물은 느낌을 인식하는 사람뿐이다. 따라서 인간은 그 존재를 밝혀야 할 책임이 따른다. 인간에게 존재의 슬픔과 또는 기쁨이 따른다. 설명되지 않는 실체적 나의 있음을 넘어서는 그 무엇이다. 그 무엇의 영역인 존재는 드러나지 않고 설명되지도 않는 증명할 수 없는 영역이다. 마치 신의 영역과도 같다.

41. 존재의 확인은 권력적 산물이다. 그리고 대중으로부터 살아 움직이는 인간 실존이다. 살아 있음에 대한 최고의 의지가 반영된 권력 감정이기도 하다. 이 같은 감정은 감각적인 느낌을 넘어선다. 반면 찾아 나섬의 경험은 존재 확인의 실적이다. 이러한 실존 의지는 최고의 물리적 작용에 의해서 산출된다. 앞서 말했듯 알 수 없는 영역은 남아 있다. 존재자를 넘어 존재란 관념의 영역이다. 존재란 신을 만든 사람들이, 만들어진 신과 동질성의 어울림을 유발한다. 따라서 그들이 얘기하는 신과 동격인 인간을 정의 내리는 것은 우둔한 생각이다. 신과 다를 수밖에 없는 인간은 아무도 모를 다가옴을 살기 때문

이다. 이렇듯 존재하지 않았던 것이 나에게 인식되거나 창조된다. 새로운 인간의 세계로 진입하는 결과이다. 그것은 모든 감정과 의지로부터 나타난다. 예컨대 슬픔, 기쁨, 고통, 경이로움 등이 존재자의 화려한 옷으로 갈아입는다. 그러나 여전히 존재라는 안개는 밝혀지지 않는다. 사람이 그렇다. 또한 유일하게 사람만이 자기 존재를 밝히는 의지를 갖는다. 이와 더불어 인간은 신과 같은 존재라는 우격다짐을 펼치기도 한다.

다음으로 신의 영역을 희망하는 인간이 있다. 인간이 진정으로 자유를 얻기를 희망하는 이유는 무얼까? 불편한 진실을 갈구하는 욕망이다. 또 지금이 말해 주고 있는 부자유가 이를 설명하고 있지 않는가? 현실을 알아채는 순간이 '자유의 부재'를 증명하는 지점이다. 우리가 "나는 누구인가?" 물을 때 자유는 시작된다. 또 "나는 지금 무엇을 하고 있는가?"의 인식이다. 나를 위한 시간이 많아질수록 자유롭다 할 것이다. '자기'로 산다는 것! 나에게 희망을 걸어 보는 연애질이다. 어느 날 문득 삶이 지친다고 느낄 때가 다가온다. 그 이유는 나를 선택할 수 없는 '자유 없는 자유'의 시대를 살기 때문이다. 그러나 지금을 포착하지 못하는 나는 자유를 얻기 힘들다. 단지 이 현실을 살 뿐이다. 현실 속 살아감은 이성적 움직임이 아닐 거다. 따라서 자신을 낮추려는 비루함에서 벗어나야 내가 보인다. 그리고 무의식적 따라감에서 의식적 벗어남의 욕망을 얻어야 한다.

어떤 이는 그러한 자유의 의미를 필요치 않을 수 있다. 그의 현재가 자유라고 생각하기 때문이다. 그렇지 않다면 부자유를 느끼는 부류는 무언가? 여기서 같은 인간 종(種)에 속하더라도 다른 삶이 존재한다는 설명이 나온다. 굳이 정치를 거론하지 않더라도 말이다. 인간세계는 소수의 지배 세력과 다수의 피지배자로 분류되었다. 이처럼 인간세계는 소수의 쓸모 있음과, 다수의 쓸모없음으로 나눠지는 과정의 연속이다. 불행하게도 다수의 피지배자는 생각하지 않는 부류로 남을 것이다. 그들은 지배자의 지휘봉에 의한 구성원일 뿐이다. 이어서 나로 존재할 수 없는 지배받는 사람일 뿐이다. 자유를 필요치 않는 사람들이다.

이러한 사실을 어떻게 받아들여야 하나? 존재라는 명제를 찾아가는 길은 대중 속 담론에서 찾기 힘들다. 그러한 아늑한 분위기에서 나의 존재를 데려오기 어렵다. 설령 찾아진다고 하더라도, 그 한계는 우리를 구속하기 마련이다. 여기서 존재를 찾겠다는 의지의 발휘는 이 한 가지 질문으로 귀결된다. 그럼에도 불구하고 "나는 왜 사는가?"를 말하는 것이다. 그리고 이러한 질문을 놓치지 않는 사람은 다르게 산다. 또 삶의 의미에 집착하지 않는다. 다만 여기 있음에서 어떻게 존재해야 함을 알 뿐이다. 설령 세상사의 속임이 난발하더라도 그럼에도 불구하고 삶은 자기표현으로 정당하다.

42. 소수가 다수의 지배를 정당화하면서 다수가 구속이라는 느낌을 받지 않도록 하는 기술은 무엇인가? 지배자가 다수의 피지배자에게 행하는 일은 교육이란 명목의 학습이다. 우리는 학습에 의해 정신적·육체적 구속을 당하고 있다. 거대 권력에게 저항할 수 없게 되었다. 그렇다면 노예로 살고 있는 것이 분명하다. 이러한 현상이 무의식적 따라감을 계획하고 조장하는 지배자의 음모이다. 그래서 집단적 사고는 이기적인 방향이 우세하다. 집단을 벗어난 자유를 향한 이상적 삶의 방향은 자기 스스로 결정해야 할 문제이다. 자유라는 근성(根性)을 밝혀내려는 의지는 내 자신의 표현으로만 실현된다. 나의 세계는 나의 의지일 뿐이다.

43. 인간은 원시 공동체로부터 사회적 동물로 진화되었다. 불완전한 이성적 비극이 탄생하는 시기로 진입된 시기다. 차츰 사회화되면서 개별적 삶의 욕망이 약화되어 갔다. 거대한 사회적 틈바구니에서 주어진 삶의 욕망을 펼치기는 쉽지 않다. 따지고 보면 인간은 자기 삶의 욕망에서 멀어진 존재다. 이

러한 사회화 과정에서 개별적 기질을 발휘하기는 쉽지 않다. 수많은 세월을 거치면서 시대가 요구하는 거대 담론에 포섭된 것이다. 그리고 그 두터운 울타리 안에서 무의식적으로 살고 있다. 여기서 도대체 무엇을 하고 있는지 물어야 하지 않는가? 더불어 이 시대가 나에게 어떤 의미가 있는지 질문해야 한다. 이 시대를 관찰하고 문제를 포착하는 순발력이 내가 여기 있음에 대한 책임이다. 이러한 책임 의식은 다가올 '나로 돌아옴'을 향한다. 이는 그러기 위한 언표를 허용한 인식적 성과다. 지금 흐릿하게 인식하고픈 결정적 단서는 무엇인가? 인간이 알 수도 없고, 알아서도 안 되는 살아가는 조건이 존재한다. 그것은 표류이다. 표류하는 가운데 절실함을 인식하고 그에 대한 실마리를 찾는 것이다. 그러므로 아직은 확정되지 않는 것을 살아야 하는 운명이 '나 자신'이다. 그것이 궁극적 삶의 방식이다. 그러나 아쉽게도 인간은 그렇지 않다. 인간은 정글에서 버티기엔 너무 약하고 게으르다.

이 물음에 답을 강요하는 것은 인간 본질에 속한다. 그 본질에 의문을 갖는가? 이제는 누구라도 물음에 대한 답을 굳이 제시하지 않아도 된다. 그 이유는 내가 갖는 물음에 답이란 이렇다. 외부 세계가 담당하는 불행이 연속되고 있다는 사실이다. 이제는 인간 본질의 기능을 넘어서는 철학을 탐구해야 한다. 존재자 기능의 본질을 넘어 존재의 무궁함을 찾아 나서야 한다. 거기엔 궁극적 응답은 없다고 가정하면서 말이다. 그 불행을 인식하는 자만이 인간을 파괴하고 자연과 화해하는 길잡이로 나설 것이다. 스스로 파괴하는 자는 스스로 다시 성을 쌓아 올릴 수 있는 자격이 주어진다. 이제 알겠는가! 나를 파괴하는 것이 얼마나 사악하고 고립시키는 행위인지. 그럼에도 불구하고 다시 한번을 말하는 우리는 생각을 향유하는 사람이다. 따라서 오직 나에게로 돌아오려는 시도만이 나의 욕망의 주인이다.

비록 가장 불행한 인간이라도 거세되지 않도록 힘써야 하는 부분이 있다. 그것은 '자기 자신'이다. 자기를 스스로 거세시키지 않겠다는 다짐이다. 그러한 다짐은 자기 영역의 판도라를 소유하는 지구력으로 나타난다. 그는 누구도 열어 볼 수 없는 비밀의 상자를 간직한다. 이것이 인간이 하는 가장 실존적 위대함의 실천이 아니겠는가? 궁극적으로 살아감에 던져진 실존을 견뎌야 하는 숙명과 함께한다. 따라서 아무도 알 수 없는 자기만의 영역 하나쯤은 소유해야 한다. 그 이유는 어떠한 비판이 가해지더라도, 나의 변명으로 당위성을 확보하면 그만이기 때문이다.

44. 인간 언어의 모순이 얼마나 서로를 피곤하게 하는지 쉽게

알 수 있다. 같은 말이라도 상황과 맥락에 따라 달리 해석되는 차이점의 무수함이다. 더구나 타자와 나의 구별 없이 언어가 모두 이해될 수 있고 전부 공감이 형성되는가? 난해한 인간 언어의 세계는 변명으로 가득하다. 게다가 극악무도한 인간이라도 얼마든지 빠져나올 수 있는 도구가 인간이 사용하는 언어와 말이다. 이 언어의 맹점을 쉽게 풀어 볼 수 있지 않을까. 너무 말이 많은 세상에는 그만큼 오해와 언어의 피곤함이 가중된다. 하물며 언어에도 계급이 나눠져 있다. 질서라고는 찾아볼 수 없는 천박한 언어부터, 숨 쉬기조차 힘든 격자 언어를 말로 표현한다.

언어의 난맥을 풀어 보기보다 차라리 침묵이 최선의 방책이다. 지금의 인간으로 진화되지 않았다면 당연히 언어도 없었을 것이다. 상상해 보라. 오직 몸의 움직임으로 소통하는 인간과 동물의 세계가 어떻게 이뤄졌겠는가? 아름다운 초원과 들판에서 서로 어울리는 자연적 형태의 삶이 그려지는가? 아마도 여기 있음의 존재보다 훨씬 더 나은 생활이 펼쳐졌을 일이다. 지금까지 인간 언어가 표현되는 긍정과 부정의 다양함이 세상에 존재하게 되었다. 스스로를 옭아매는 언어의 쇠사슬이다. 언어의 세계는 더욱 정신을 무겁게 유지한다. 이제는 각성이 필요하다. 성인(聖人)으로 가는 길은 여기에 있다. 사람의 언어와 말의 속성을 알았다면 '침묵'도 아름답다.

45. 인간이 이 세계를 해석하지 않았다고 가정해 보자. 자연뿐이다. 그러면 순수한 객관적-자연 발생적-사실만이 남아 있었을 것이다. 자연적으로 있는 그대로 말이다. 생성 소멸만 있는 그러한 세계. 인간에 의해 해석하고 편집되지 않는 그대로다. 그것이 내가 꿈꾸고 돌아가고자 하는 '고향'이다. 하지만 비극적 해석이 낳은 결과는 인간을 병들게 하는 단초가 되었다. 각자의 해석이 우리가 보는 지금 현재의 파괴물이다. 또 미래에 대한 비극이다. 그럼에도 실존적 가치는 스스로 여기 있음이다. 우리는 여기 있음에 더욱 민감해질 필요가 있다. 당신의 여기 있음을 불만스럽게 바라보는 생각이다. 따라서 우리는 어떠한 진리 추구보다 앞서 있어야 한다. 현실적으로 사실에 대한 깊은 사고력에 집중해야 한다. 이것이 '인간이 산다는 것'에 대한 올바른 사유의 자세다.

인간의 발과 생각이 한 번도 닿지 않은 곳이 있다. 그곳은 비극이 존재하지 않는다. 단지 있음일 뿐이며 흐르는 물과 같다. 그곳엔 변화되고 생성 소멸하는 현상만이 나타날 뿐이다. 우연히 나타나는가. 만들어졌는가. 지구라는 행성은 우연의 산물인가? 하지만 인간은 지구 영역 전반에 걸쳐 닦달하고 요청하는 어리석음을 지향했다. 나를 파괴하는지도 모르고 말이다. 여기서 고향으로 돌아가려는 본능적 이유가 있다. 그곳으로 가면 모두가 쓸모 있음으로 존재한다. 고향은 살아감이 자연과 동화되는 기이함을 발견한다. 그냥 살아지는 게 고향이다. 더불어 존재가 밝혀지는 장소다. 고향에서 꿈꾸는 세상은 아무것도 없음을 발견할 수 있는 자연이다. 자연과 가장 근접한 장소는 내가 태어나고 자랐던 둥지이다. 이윽고 고향이라는 언표는 자연과 동화된다. 귀향(歸鄕)은 원래대로 돌아가려는 의지의 장소라 할 수 있다. 그곳이 고향이라고 언표 되는 지점이다.

46. 우리는 누구인가? 상상의 파괴를 실천하는 인간? 우연의 지구 안에 필연적인 삶을 살아가고 있는 것이 아닌지. 그것도 아니라면 이 모든 것이 있는 그대로의 흐름인지. 아무래도 인간의 살아감은 필연 속에 갇혀 있는 듯하다. 인간이 인간으로 진화하지 않았다면, 해석과 발견과 파괴는 존재하지 않았다. 또한 우리 스스로 만들어 놓은 신과 그 너머의 세계를 꿈꾸지 않았을 것이다. 그렇다면 이 세계 자체가 바로, 인간이 만든 그 다른 세계와 같을 수 있다. 우리는 죽음을 넘어선 경험을 하지 못했다. 또한 증명되지 않는 현실 아닌가? 그러나 멈추지

않는 인간의 욕망이란 또 다른 세계에 대한 갈증이 낳은 허무함이다.

　이 공허함과 마음 아픈 상황을 끝내야 한다. 지금 느끼는 감정의 어지러움은 미래에 대한 불만족이다. 허무가 낳은 끊임없는 불만족이 우리를 공격하기 때문이다. 이 무자비한 폭력에 반격을 가하고 고개를 들어야 한다. 지금이다. 내면의 나약함과 대결을 해야 할 시간이다. 매 순간 엄습하는 악마의 손길이 가까이 와 있다. 타락을 부추기고 비웃음을 선사한다. 역시 악마의 숨소리는 부드럽게 어루만지며 속삭인다. "지금이야. 아주 타락하기에 딱 좋은 날이야." 타락의 부추김과 비웃음의 농락은 매 순간 나를 움직인다. 뭐라고? 나를 움직인다고! 슬픈 일이다. 내가 어찌 그들에게 농락당하고 있단 말인가. 나의 세계는 그들에게 지배되었는가? 마음과 몸이 그들에게 조종당한다는 생각이 들었다. 슬프게도 내 안에 있는 밝혀지지 않은 존재와 나 자신이 울고 있다.

47. 아무 집념도 갖지 마라. 슬픔도 생각하지 마라. 그냥 흘러간 대로 내버려두면 된다. 그에 대한 결과는 스스로 나타나는 자연현상이다. 이제 그만 우울함을 작동시키지 마라. 우울함은 나를 파괴하고 타락으로 이르게 한다. 반동적으로 너를 안

고 힘차게 흘러가라. 우리는 일어서야 한다. 넘어지지 않겠다고 말해야 한다. 그것이 또 다시 일어서려는 인간의 삶이다. 그래서 의식적 벗어남은 나를 지배하는 소질이다. 우울한 생각을 멈춰라. 우울하게 작동하는 모든 생각은 반드시 자신을 파괴한다. 자신이 극복해야 할 문제는 멈추는 것이다. 그러한 생각과 유혹이 찾아올 때 멈춰 있으라는 신호다. 정신을 흐릿해지게 하는 행위는 반드시 우울을 가져온다. 그 우울을 자주 접하다 보면 존재 가치를 스스로 하락하게 만든다. 역동적으로 우리의 행위는 유쾌해야 하고 철저히 건강해야 한다. 사람은 그래야 한다. 불행한 맛을 본 인류가 웃음을 고안했듯이 철저히 우리는 유쾌해야 한다.

그래서 자신에게 떳떳한 사람이 돼야 한다. 매 순간 스스로 크나큰 위로가 되는 현명하고 지혜로운 사람이 돼라. 그 누구도 쓰라린 고통을 너와 함께하지 않을 것이다. 오로지 자신이 건너야 할 출렁이는 구름다리다. 그 위의 여기 있음을 잊지 않아야 한다. 그래야 올바로 바라보고 살아지게 된다. 보라! 우리에게 미래는 도래하지 않았다. 나를 둘러싼 매 순간이 물과 같다. 자신의 사상을 물 같은 생각으로 흘려보내라. 아무 걱정하지 말고 흘러간 대로 세상을 듣고 바라보라. 그러면 내일이 온다. 그리고 또 견디는 것이다. 이게 인간이라는 병이자 '자기 사랑'의 연민이다.

48. 우리는 미래의 일을 확신할 수 없다. 다가올 모호함의 고통이다. 그래서 자유를 타락으로 승화한다. 이러한 관념 때문에 인간은 두려움을 발견했다. 이 두려움은 자기 안전을 확보하려는 오래된 본능과 연결된다. 두려움이 커지면 '자유정신'을 갖지 못한다. 우리의 대부분은 미래에 도래(渡來)하지도 않는 일에 비겁해진다. 그래서 현대적 의미의 '불안 장애'를 대부분 갖고 산다. 이러한 이유로 인간은 애써 신을 창조하게 되었다. 그에 따라 신의 무한 능력을 창조하여 두려움을 감소시켰다. 인간은 오롯이 불안감을 해소시키지 못했다. 나약한 본능은 다가옴에 대한 불안을 안고 사는 운명이다. 궁극적으로 인간은 자기 자신으로 돌아와야 한다. 실천적으로 내 안에 있는 자신을 먼저 신뢰하라. 홀로 있는 시간을 두려워한다면 성찰과 자기반성은 획득하기 어렵다. 여기서 말하는 '자기와의 대화'의 시작이다. 이러한 자기 성찰은 무의식적 따라감을 거부하는 용기이다. 아울러 깨어 있는 의식 속에서 벗어남을 창조하리라.

이제까지 인간이 신에게 의지하고 살았다. 이제는 신으로부터 출가할 때도 되었다. 아울러 자신만의 실천적 사명을 찾아야 한다. 나를 움직이는 의지를 데려오는 문제다. 우선적으로 나를 위한 연민과 데려옴의 발상이 필요하다. 이로써 나를 알기 위해 필요한 행위는 '홀로서기'이다. 이것 없이는 제대로 된 나를 발견하지 못한다. 군중 속에서 나를 발견하기란 쉬운 일이 아니기 때문이다. 내 자신을 소음이 난무하는 곳에서 조용한 곳으로 데려와야 한다. 사람의 운명적 사명감이란, 나만의 공간을 확보하는 살아감의 독립적 사고(思考)이다.

49. 인간은 내면의 속삭임과 함께 살아간다. 내면의 양심이 주는 선물은 억압이다. 이렇게 내 안에 도사리는 또 다른 자아와 대결하는 인간이다. 근본적으로 우리는 외로움을 견디지 못하는 비극을 안고 있다. 하지만 내면과 타협해야 하는 운명을 가진 우리다. 알다시피 살아감은 끊임없는 자기와의 대화이다. 이로부터 살아감은 자기 극복의 연속성 위에 놓여 있다. 그리고 스스로 깨달은 인간은 학습한 이 세계의 억압에서 벗어나는 행위를 시도한다. 그다음 독립을 꿈꾸는 단계로 진입한다. 독립 의지는 세상으로부터 위로의 빛을 기대하지 않는 것이다. 이러한 이유로 아무도 모르게 나만의 세계와 사상을 추구하고 살아야 한다. 나의 강력한 살아감을 위해서다.

  하지만 인간 무리에서 이탈한다는 것은 두려움으로 작용한다. 우리는 무의식적 따라감의 족쇄에서 지속적인 부채 의식에 사로잡혀 있다. 거대한 사회적 틈바구니에 얽매이며 '자기 안락'을 숭배하는 우리들이다. 반항하는 내적(內的) 이상이 강한 사람은 군중에 노출되지 않는다. 그는 홀로 자기를 돌보는 강인함을 유지한다. 실제로 대중의 힘은 어떨 땐 큰 힘으로 작용한다. 허나 무질서가 무리 집단을 형성할 때 위험에 노출된다. 통제되지 않는 무리는 소용돌이의 흑점 속으로 빨려 들어간다. 더 이상 힘을 발휘하지 못하는 지경으로 몰아간다. 그것이 대중이 휘몰아치는 토네이도다.

그럼에도 불구하고 내가 광활한 대지에 내몰려 홀로 걸을 때, 그 강인함이 발휘된다. 그러나 개별적 나약함의 두려움은 군무를 조장하고 유희로 나타난다. 그래서 조작된 인간세계의 질서에 끌려가는 것은 위험할 수 있다. 스스로를 조작적 인간 질서 속에서 탈출시켜야 한다. 그래야 나를 알고 자신이 된다. 이러한 의식적 벗어남의 발아(發芽)는 가장 깊숙한 성찰에서 나온다. 아직도 모르겠는가? 지금 이 순간도 무리 본능이 우리를 얼마나 약화시키는지. 현실적으로 거대 정보를 앞세운 집단의 우둔함을 알아채야 한다. 그 깨달음으로 나를 강하게 연마하는 고독의 기술을 가져오라.

50. 인간은 희극과 비극을 경험하고 희열과 슬픔을 느낀다. 유일하게 인간의 얼굴은 표정이 있다. 살펴보면 직접적인 연결고리에서 벗어난 비극적 사실이 존재한다. 이렇게 외부적 비극으로부터 악마적인 기쁨으로 승화된다. 이러한 사실에 우리의 내면은 기쁨을 생산하고 외면적 슬픔에 동조한다. 악의적이게도 비극은 희극으로의 개발이다. 이같이 희극의 탄생은 비극 속에서 잉태하는 것이다. 그러나 새로운 세계의 태어남은 희극적 현상은 아니다. 모든 것이 비극에서 비롯된 불가항력을 인정할 때다. 그로 인해 새로운 시대로 전환은 물론 역사의 길은 달라졌다. 이 역시 인간이 인간으로 진화하지 않았다면 일어나지 않았을 일이다. 결론적으로 비극은 희극으로 승화되지 않았다. 그래서 인간세계는 비극의 진화를 잉태할 수밖에 없었다. 보라! 비극을 접하면서 배설하는 희열을 느끼지 않는가? 이같이 인간의 살아감은 희극 속에 비극이 있다. 아울러 비극 속에 희극이 동시에 존재하는 방식이다.

그래서 인간 역사는 비극과 함께 쾌락 추구를 지향했다. 그러한 쾌락 추구의 상승에 따른 비극의 탄생은 당연하다. 동시에 인간에게 타락으로 이어진다. 인간이 쾌락을 추구하는 이유가 있다. 쾌락은 자기 삶을 스스로 속이기 위한 마약과도 같기 때문이다. 채워지지 않을 쾌락 추구는 자기를 스스로 버리는 행위다. 나를 밖으로 던지는 것과 동시에 고통을 잊기 위한 방편이다. 쾌락을 얻기 위한 고통은 같은 맥락으로 작용한다. 따라서 살아감은 고통과 쾌락의 동질성과 합의한다. 이것이 자유가 선사한 타락이다. 그리고 비극이다.

51. 교육자와 사회학자가 해야 할 사명이 있다. 그것은 고귀함을 가르치는 행위다. 교육 담당자가 습득한 지식을 타인에게 단순 주입하는 것은 위험하다. 이는 단순한 물리적 변화로만 그칠 뿐이다. 정제된 단순한 정보의 전달 행위로 전락한다. 여기서 말하는 참교육의 본질을 고찰한다. 습득한 지식의 향연을 지혜로 변화시켜 깨달음의 사상을 서로 교환해야 한다. 또 지나간 과거의 고찰에서 객관적 사실에 포획되는 어리석음을 반복하지 않아야 한다. 교육의 목적이 지식 전달 수단으로 이론에 정체된다면 교육이 아니다. 지식인과 철학자가 해야 할 임무는 자기가 습득한 지식을 넘어서야 한다. 말하자면 지식에서 깨달은 새로운 창조적 사상을 말해야 한다. 세상에 알려진 객관적 지식은 얼마든지 각자의 노력으로 습득 가능하다. 이에 반해 새로운 지평은 평준화된 지식 울타리를 넘어서는 일이다. 또한 더 높고 깊은 각성(覺城)을 수혜자에게 전달하는 의지다.

예를 들면, 따르는 자에게 어떠한 지식을 논하지 말라. 단편적 지식의 용량을 가늠하는 자만큼 어리석은 이도 없다. 지식을 넘어선 새로운 주체적 사상의 공유를 시도하라. 보편적 지식 언저리에서 조금 더 지평을 넓히려는 위험을 감수해야 한다. 그래서 넘어섬의 창조성을 말해야 하고 논쟁을 벌여야 한다. 타인에 대한 배려는 여기서 발휘된다. 이는 곧 서로가 느끼는 '공감 수준'이다. 이 명제 앞에 공감의 폭이 넓어진다면, 그 가치를 더욱 높이는 장(場)으로 들어선다. 여기서 진리는 아니라 하더라도 우리는 진리에 근접하는 성과를 가져온다.

52. 지금을 살펴보라! 위계적 질서가 인정되는 인간 세계다. 이를 바탕으로 명령하는 자는 명령을 수행하는 자에게 가학적일 수 있다. 집단에서 발휘되는 이기적인 자기 생각의 기준이 따라오기 마련이다. 이와 함께 지배적 습관이 길러지기 때문이다. 사람 관계의 위계적 질서로 인해 자기 행복을 강탈당하기도 한다. 두루 알다시피 자연환경의 정글 속에서 이뤄지는 생존 법칙은 심판 대상이 아니다. 어쩌면 자연에서 탄생한 우리도 이러한 생존 법칙의 엄격함에 놓여 있는 것 아닌가? 따라서 세상의 부조리가 낳은 불편부당한 일이 얼마나 많은가? 이에 대해 생존 자세는 달라져야 한다. 내가 스스로 강해져야 하

는 이유가 여기에 있다.

53. 소유욕에서 나오는 집착은 얻을 수 있는 것과 잃을 것의 양면을 갖는다. 이는 갈등을 유발하는 최고의 재료다. 그리고 그러한 생각거리는 스스로를 피로하게 하는 요인으로 작용한다. 반면 소유욕으로부터 탈피하는 습관은 새로운 세계로 진입이다. 육체적 피로의 감소는 물론 정신적 안정감을 유도할 수 있다. 실제로 마음의 무게는 무거운 집착거리를 소유한 데서 유래한다. 전체적으로 보아 물질적 소유와 집착거리의 가져옴은 탈가치를 유도한다. 물질 소유와 집착의 관념은 시간이라는 명제로부터 생산된 구속이다. 인간은 원래 없음의 자유롭고 홀가분한 마음의 소유자였다. 그러나 사적 소유의 병을 낳은 후, 자유로운 영혼을 팔아먹게 된 것이다. 이것이 소유욕의 양면이다. 우리는 유기체적 소화력의 자연스런 기운을 깨달아야 한다. 물론 우리의 정신적·육체적 소화력이 필요한 부분이다. 이게 자기 존재를 알아 가는 단계이다. 우리의 존재론적 나아감의 시발이다.

내적 소화력을 상실한 자유가 시간이었던가? 삶 속에는 지나감, 여기 있음, 다가옴에 대한 우려를 갖는다. 시간이라는 명제가 가져다준 비극이다. 그리고 애써 그 비극 속에서 희극을 창출한다. 우리는 이러한 현실적 시간에 구속될 수밖에 없는 운명에 놓여 있다. 생각하지 않으면 좋으련만 생각할 수밖에 없는 사람의 운명! 떠오르는 생각에 때론 지겨워지기도 한다. 그렇다면 시간에 의존하는 우리는 매일 가면을 쓰고 다니는 광대와도 같은 존재인가? 우리 시대의 가장무도회 같은 사회는 어떠한가? 현대적 삶은 자기 자신의 고유한 사상을 보이는 것보다 타인의 평가를 두려워한다. 타인으로부터 인정받기 위한 치장에 전념할 뿐이다. 따라서 우리가 쓰고 다니는 가면은 날이 갈수록 두터워지게 마련이다. 그리고 부끄러움이 사라진다. 이것이 시간과 소유욕이 가져다준 인간의 인정 투쟁이라는 질병이다.

54. 나에게 드리워진 실존의 감각은 어쩌면 지루함으로부터 도약거리가 많다. 흔히 그림자라 부르는 허상을 보노라면 현실의 권태로움에 구속되어 있는 것과 같다. 살아감의 권태를 종종 실감하는 이 세계를 느끼는가? 이렇게 세상 밖을 내다보려는 의지의 결여된 현상을 알아야 한다. 한편 자유로운 영혼을 갈망하는 자는 다르다. 드러남을 찾아나서야 함을 실험하는 자이다. 그곳으로부터 나의 존재함은 드러나고 밝혀지게 되는 계기를 마련한다. 이윽고 자신으로부터 나온 사상의 물

결은 나의 존재를 밝히는 과정으로 진입한다. 그래야만 오롯이 나를 데려오는 성과를 얻을 것이다. 자기만의 고유한 사상은 겸손함을 바탕으로 단순하고 소박해진다. 이로써 수고로움이 동반되는 사상의 물결은 지금의 그림자로부터 벗어남을 의미할지 모른다. 이 모든 것이 인간으로서 생각함의 주체적 결과물이다. 따라서 타인의 생각이 아닌 자기 생각으로 산다는 것이 본질적 "나"이다. 우리는 이러한 주체적 살아감의 반항을 삶이 끝날 때까지 밀고 나가야한다.

55. 사람들은 '비극'을 보면서 몰래 기뻐한다. 너무나 인간적이다. 그리고 나와 직접적으로 연관이 없다면 나의 안전을 찬양한다. 하지만 내가 직접적인 슬픔을 안고 있을 때, 타인의 비웃음을 참지 못하는 게 인간이다. 인간으로 태어나지 않았다면 겪어 보지 못할 감정의 투명함이다. 허나 나에게 남아 있는 연민과 동정이 있다면 타인의 비극에 잠시 동화된다. 하지만 그것도 잠시로 그칠 뿐이다. 우리는 비극에서 희열을 느끼는 동물이다. 반면 타인의 기쁨과 행복해하는 모습에 우리는 어떤가? 우리 가슴속 악마가 외쳐 댄다. 마음속 불편한 양심을 애써 억누르지 않는가? 가장 인간다운 모습이다. 그래서 우리는 가면을 쓰는 것이다. 가면에 가려지고 또 버려진 양심으로

부터 아무렇지도 않은 척해야 한다. 세속적인 내 자신도 그렇게 살고 있다.

그럼에도 불구하고 살아감은 극복해야 할 과제가 풍부하다. 그 가운데 타인의 슬픔을 나의 슬픔으로 알아채는 능력이다. 또한 타인의 기쁨을 나의 기쁨으로 받아들이는 여유를 갖는 마음이다. 그러면서 우리는 사람다움으로 존재한다. 이러한 사태를 바로 보는 인간다움이 필요한 시대이다. 현실적으로 역심(逆心)의 마음을 돌려놓는 것 또한 나의 몫이다. 내가 가지려는 물질적 욕심이 아니다. 나의 마음을 얻으려는 욕심이 필요하다. 그래서 나의 마음을 얻으려는 욕심 없음이 타락한 자질이다. 또 빈약하고 나약하기에 욕심이 없다. 나아가 나의 감정을 솔직히 드러내는 것은 욕심이며 자기 발전이다. 악마 같은 치졸함도 순수한 감정에 일부이거늘 나를 속이지 않는 마음이다. 이렇게 오히려 나를 밝혀내려는 의지는 부끄러움을 씻어내는 용기다. 이로써 부끄러움을 용납한다. 더불어 진정으로 자유라는 욕망을 얻어 낸다. 이러한 사실을 받아들이는 각오가 필요하다. 이어서 나의 실존과 밀접하게 교류하는 현명함을 획득한다. 그래서 인간의 가장 아름다운 행위는 나를 밖으로 드러내고자 하는 결심이다. 이러한 발상은 밖으로 내 던져진 자신을 돌아오게 할 계기이다. 이윽고 스스로 귀향(歸鄕)-존재를 밝혀 나에게로 돌아옴-을 결심한다.

56. 삶이 던지는 질문은 실천적 표현을 요구한다. 적절한 표현은 올바른 정신을 연마하는 재료이다. 따라서 인간이 의미를 부여하고자 한다면 그것은 '나'를 드러내는 과정 속에 배태(胚胎)되어 있다. 드러내는 삶은 욕구(慾求)와 욕망(慾望)을 달성하기 위한 투쟁과도 같다. 현실적 살아감의 '여기 없음'을 채우기 위한 끊임없는 전투다. 전투적 살아감에서 철학하기 위해선 고통을 경험하는 것부터 배워야 한다. 고통의 문제를 인식하고 그것을 애써 이해하자. 그러한 실천은 살아감의 책임이다. 삶의 책임이 따른다는 것은 철학의 실천이다. 게다가 인간으로서 존재하기는 철학을 요구받는다. 철학의 단순화는 나를 찾는 숨은 그림 찾기의 연속이다. 살아감의 중간중간 자신을 잃어버린 삶은 무의미한 선택이다. 분명 '이 길이 나의 길이 아닌데.'란 느낌을 받을 때가 찾아온다. 그때가 바로 자신을 올바르게 소유할 수 있는 시기다. 이윽고 스스로를 질책하는 시기가 온다. 그때 비로소 인생 전환점을 돈 것이다. 즉 나를 알았다는 인식이므로 스스로 기뻐할 일이다.

　역설적이게도 삶은 지속적으로 전진만 하지 않는다. 삶이 끊임없이 전진하리라는 생각은 있을 수 없다. 어차피 우리는 여기의 반복적 살아감에서 인간의 한계를 인식한다. 허무와 권태를 이어 받을 수밖에 없는 삶이다. 이 같은 세계의 냉혹한 질서의 순환은 자연적이다. 내가 살고 있는 실존에서 명확한 사실은 인식의 주체는 생각하는 내 자신이다. 그래서 신의 존재라는 믿음에서 벗어날 때, 내가 보인다. 말하자면 나의 살아감이 신을 포함한 타자에 의한 삶이 전부가 돼서는 곤란하다. 누가 뭐라고 하든지 자신이 결정한 삶이 가장 최선의 길이다. 더불어 나만의 사상을 갖는다는 행운은 내가 세상에게 겁내지 않고 살아갈 이유가 된다.

따라서 한 번쯤, 짓누르는 여론과 전통 도덕에서 멀어질 필요가 있다. 우리에게 살아감은 연습이 존재하지 않는다. 오늘도 내일도 실전이다. 오늘도 힘들지만 내일도 힘든 게 삶이다. 우리는 이미 마련된 관습이나 도덕을 비판할 필요도 있다. 여기에 더해 문득 다가온 의구심에 대해 대안을 내놓을 수 있는 역량을 가져야 한다. 또한 죽음이 우리 앞에 놓여 있다. 미리가 본 죽음의 인식은 모든 걸 없음으로 돌려놓는 발상이다. 아무것도 보이지 않는 없음이란 무엇인가? 우리는 알고 있다. 없음이 의미하는 바와 다시 시작이란, 수많은 가능성을 내포하고 있다는 걸. 그러므로 스스로 다가옴에 대해 열려 있는 가능성을 희망해야 한다. 그것은 인간 실존의 삶으로부터 깨달은 경우이다.

57. 인간은 자기 힘에 의한 성취감으로 행복을 살짝 느끼는 동물이다. 그래서 미완성의 완성을 위해 분투(奮鬪)한다. 그러나 인간 이성의 능력은 완전성과는 거리가 있다. 그렇게 인간은 지속적인 미완성의 운명 안에 기거(起居)한다.

58. 긴 역사 속에 우리는 시간이라는 발명품에 의해 행동이 달라졌다. 자연적 게으름에서 부지런한 인간으로 재탄생하였다. 그러면서 웃고 떠들고 시간을 숭배한다. 시간을 지배하지 못하는 신세로 전락한 인간은 오늘도 시간 속에 살고 있다. 그리고 무의식적 따라감의 족쇄에서 살아가고 있는 중이다. 시간을 숭배하지 않았다면 죽음에 대한 의미를 무엇으로 말하겠는가? 또 다른 뭔가를 발명하고 숭배하지 않았겠는가. 아~ 이렇게 인간은 스스로 진보하며 스스로 괴로워하는 영장(令狀)으로 성장하였다. 흐뭇한 건, 인간은 신의 영역 아래서 포만감을 느끼며 살고 있다는 사실이다. 그러나 차츰 시간이 흐르고 신을 의심하는 부류가 많아진 사태가 일어났다. 이로써 자기를 인식한다는 사실에 근거하여 신을 의심하기에 이른다. 이제껏 굳은 신념이 허구였다는 사실을 알아채는 사람은 얼마나 될

까? 그 이유를 뭐라 말해야 하는가? 내가 믿는 바가 진리라는 포장을 정당화하는 것은 아니다. 물론 그러한 것을 주장하는 것 또한 순진한 생각이다. 이제 진리에 대한 오염을 더 이상 가두려 들지 말라. 말하자면 진리는 모든 게 흘러간다는 순리에 자리를 내주어야 한다. 그래야 물처럼 맑아지는 게 진리다.

59. 역사가 말해야 하는 당위성은 이제는 약화되고 있다. 반면 세속적-대중적 일반화-가치가 우월한 세상이다. 지난 역사의 그늘은 우리를 길들였다. 때문에 새로움의 창조는 너그럽지 않다. 우리는 당황하는 길을 나선다. 이윽고 세상의 나락(奈落)이 우리를 몰락하게 한다. 그 몰락의 의미가 쇠태(衰退)하는 요인이라고만 배웠다. 그래서 삶의 나락이 쾌락이라는 위안을 선사한다. 그리고 눈만 깜박거리며 살아간다. 역시나 우리는 지금을 숭배하는 어리석음에 조응(照應)한다. 여기 있는 사실이 왜곡(歪曲)되는 현실을 보고 있는가? 그것은 지금을 숭배하는 밑거름으로 충분하다. 그러나 사실을 올바르게 보기엔 해결해야 할 과제가 너무 많다. 그로 인해 우리의 생각은 혼란을 거듭하고 있는 중이다. 아울러 성격의 장애를 얻어 내는 불우함을 말한다. 그럼에도 우리의 본능은 살아 움직여야 한다. 스스로 발산하는 자기 힘의 펼침은 우리의 책임이다. 따

라서 우리의 광기는 살아 있어야 한다. 당신이 발산하는 광기에 대해 이해하지 않는 부류가 많다면, 당신은 자신을 데려오는 중이니 기뻐할 일이다.

60. 홀로 자라는 나무는 성자(聖者)임에 틀림없다. 자연으로부터 경이로움을 느끼는 기특함이다. 자연의 경이로움은 중력의 억눌림에도 솟아오르려는 의지를 갖는다. 반면 자연을 거스르는 시간, 공간, 이데올로기의 장난질은 사람을 오락물로 만들어 놓았다. 그리고 모든 존재자를 가치로 둔갑시켰다. 이 거대한 수용소에서 인간은 천국에 산다고 믿고 있는 것 같다. 내가 추구하는 절대적 가치를 없앤다고 이성이 기뻐할까? 그러한 난해한 숙제를 제거한다고 세상은 아름다운가? 여기서 사리분별이 올바르다고 주장할 수 있겠는가? 하늘이 맑고 높게 보이는 이유는 그냥 그렇기 때문이다. 나의 시야가 맑아서 그런 게 아니다. 나의 이성이 전부 올바르다고 착각하지 말아야 하는 이유다. 따라서 행복을 더 이상 거론하지 말라. 정념(情念)이 이야기하는 허구에 현혹되어서는 안 된다. 그것은 구름 같은 흩어짐일 뿐더러 고약한 냄새일 뿐이다. 오늘 주위를 살펴보건대 맑구나. 세상은 맑은 기운이 사람을 살게 한다. 자연과 사람은 원래 자연이었다. 잔잔한 바다의 깊이를 체험했

는가? 이처럼 잔잔함이 선사하는 성찰은 기쁨이다. 게다가 심연 속으로 들어가게 하려는 욕망을 선물한다.

깊은 심연 속 타락한 사상에는 창조하는 생성물이 따르게 마련이다. 그 욕망 안에 내재한 사실은 근거를 만들려는 의지가 있기 때문이다. 그러한 욕망 없이 어찌 타락이라는 구렁텅이를 희망할 수 있겠는가. 지금 우리는 타락해 있다. 그러나 변화에 대해 두려움을 갖지 마라. 변화에는 아무것도 머무를 수 없는 현재만 있을 뿐이다. 사라지고 생성하는 변화에 대해 창을 뽑아야 한다. 환상을 꿈꾸는 자만이 영원할 수 있다. 저기 보이는 몽상가(夢想家)의 자태는 날아가는 독수리처럼 힘이 넘치고 거대하다. 우리의 가느다란 깃털의 발버둥은 어울리지 않는다. 웅장하게 치솟는 깃털의 다름을 연구해라.

61. 인간은 신을 창조하고 종교를 만들었다. 아울러 신이 인간의 정신세계를 지배하게 되었다. 그래서 우리 스스로 '신'이라는 가상을 생각해 낸 탁월한 능력을 찬양해야 한다. 종교적 영생이 선사한 '위안'은 참으로 거대한 함선과도 같다. 거친 바다를 항해하는 배는 그 크기가 생존율에 비례한다. 이 같은 종교적 이상이 거대한 배를 만들게 되었다. 인간이 영생과 평안을 갈구하는 동물로 성장한 것은 좋은 일이다. 설령 그러한 목적

에 다다르지 못하더라도 말이다. 종교는 세상에 던져진 자신을 일으켜 세우는 방편으로 쓸모가 있다.

한편 평생을 '신의 영역'에 안착하기 위해 구도자의 길을 걷는 수도자들의 진념은 이것이다. 수도자 스스로 '신'을 호명하고 호출하는 경지에 오르는 시간을 갖는다. 인간 영혼은 그렇게 해서 갈망하는 도구를 쟁취한다. 그러나 종교가 갖는 교리의 모든 내용이 신이 선사한 선물은 아니다. 우리 인류의 쓰라린 세월이 낳은 현재의 표현이 아니겠는가? 이로써 이 세상의 모든 존재자는 각각 주체적이다. 전부는 아닐지라도 그 최종적 결말이 무엇이든지, 이 세계는 그 주체적 산물에 의한 표현이기도 하다. 따라서 신을 숭배하거나 영접하는 체험은 구도자의 몫이다. 그리고 그들이 알아채는 세계다. 그와 다른 무리들은 알 수 없는 그들의 것이기에 그 또한 소중하다. 비로소 우리는 스스로 보고 생각하는 자신을 느꼈다. 자기 주체적 감각을 깨달은 사람의 모습이다.

62. 로마법에 따르면 인간을 규정하는 말이 있다. "인간은 자유인이 아니면 노예다."라는 것이다. 이 얼마나 자연스런 말인가. 현재도 마찬가지 아닌가? 우리가 말하는 수학적 진리가 있다. 이 말에 수긍한다면 그에 따른 인간의 영역은 자연스럽지

않다. 하지만 새로운 세계나 내가 느끼는 창조적 발상의 꿈틀거림이 있을 것이다. 이는 나를 이해시켜야 하는 논리적 과제로 나아가게 된다. 따라서 삶에 대한 답은 수학적 정답보다 논리적 이해를 추구하는 방향이 옳다. 그 다음 자기 존재를 데려오는 사상적 의지가 필요하다.

　이와 어울러 역사의 순간은 물의 흐름을 갈라놓거나 변하게 하는 요인이 많았다. 인간의 역사가 그러하다. 자연은 그대로인데 말이다. 지나온 역사에게 무엇을 말하겠는가? 사라지고 변했지만 그러한 역사의 유산이 현재일 뿐이다. 우리 의식을 더 굵은 새끼줄로 동여매는 사랑스러움은 어디 있는가? 그것은 세계에서 얻어 보려는 찾아 나섬으로 발생한다. 이러한 행위가 인간이 지금을 사는 위대함이다. 오늘을 사는 나는 인식 가능 범위 내의 환경에 의해 존재한다. 반면 내가 보는 외부 세계가 있다. 외부 세계가 가리키는 환경은 주관적 발견에 의해서 달라진다. 이 두 가지가 인간이 살아가는 조건이다. 그리고 삶은 어떠한 조건에도 독자적으로 발전된다. 더 이상 삶의 방식과 의미에 대해 논쟁을 벌이는 행위는 그만하자. 어떠한 단조로운 깨달음이 더욱 강하게 내 자신을 무장시킬 수 있다는 걸 알아보자. 규정하고 정의하는 삶의 조건은 나로부터나온다. 그것은 자기 외의 모든 외부 조건을 해석하는 능력에 달려 있다. 삶의 방식은 나의 조건이 제시하는 대로 나타나는 현상일 뿐이다. 즉 나의 주관적 표현에 따라 세상은 달리 보일 수밖에 없다. 그러한 단순함에서 비롯된 나의 사상은 무의식의 따라감을 의심하리라.

63. 사람은 죽음의 명제를 관념 속에 간직하면서 산다. 그렇기에 인간의 죽음은 다른 외부적 동물들의 죽음과는 다르다. 인간은 마음으로 산다는 실존적 성향이 있다. 마음엔 늙음이 없다. 마음으로 비롯된 우리의 살아감은 항상 역동적이다. 다만 인간은 죽는다. 하지만 동물은 끝나기 때문에 인간과는 동떨어져 있다. 인간이 죽음을 무의식적으로 기대한다는 가설을 내세워 볼 일이다. 우리의 현재는 죽음을 향한 변명을 살고 있는 게 분명하다. 이러한 삶의 끔찍함을 알아내는 건 어려운 일이 아니다. 사람은 생각하는 동물이다. 사람은 아침에 일어나는 의무감, 저녁에 자야 되는 의무감 일하고 슬픔과 쾌락을 느끼는 동물이다. 그리고 고통을 즐겨야 하는 책임감으로 산다. 이러한 동물이 '인간' 아니겠는가? 이는 인간만이 느끼는 마음이 행하는 실체적 삶으로 귀결된다. 시간을 인식하는 인간이기에 그렇다.

64. 인간은 허무하게도 아무런 생명 없음-신을 만들려는-에 충성을 다하는 경향이 강하다. 나타나지 않고 굳어져 있으며 자기 존재를 밝히지 않는 정의할 수 없는 존재를 숭배한다. 이렇게 수양하는 삶의 자세는 고통스런 일이기도 하다. 그리고 견디는 연습을 하고 삶의 의무감을 충실히 발휘한다. 인간은 이성적 동물이기에 상상력으로 실체가 없는 허무를 갈구하는 동물이다. 더구나 허무 자체를 가시화하여 개념화했다. 이를 바탕으로 인간은 과학과 철학을 개발했다. 더 나아가 가상적 가공품-행복-을 만들게 된 것이다. 그 이유가 무엇이란 말인가? 그 이유를 누가 정의 내리고 선물한단 말인가? 썩어 가는 정신을 구재(救災)하는 것은 구도자의 목적이 아니다. 다행이도 인식 능력과 자연스런 깨달음이 우리에게 주어졌다. 그러한 영적인 내면 세상이 과연 내가 느끼는 사실인지를 물어야 한다.

65. 사람이 말하는 것에 두려움을 느꼈다! 언어의 위험성을 안 건가? 그렇다면 이미 성인(聖仁)이라 할 수 있다. 실수가 되었든 현명함이 되었든 상관없다. 언어의 위험성을 간파한 사람은 말을 두려워한다. 인간이 가장 타락한 증거는 언어에 있다. 언어의 이중성이 갖는 모순은 너무나 많다. 돌이켜보면 인간 언어의 난잡함은 이루 말할 수 없다. 언어가 선사하는 피로

는 갈수록 심해지고 있다. 반면 논리나 과학을 이야기하지 않아도 되는 세계. 그곳은 평화로운 침묵의 고향이다. 삶의 방식을 논하고자 한다면 오늘부터 침묵하라. 대신, 깨달은 정신을 말로 표현하기를 기대해야 한다. 그것은 당신의 마음이 될 것이다. 실로 가장 올바른 실체적 살아감이 무엇인지 침묵으로 말해야 한다. 이는 곧 마음이다. 마음으로 침묵하는 자는 삶을 사랑하는 가능성이 많다. 그는 스스로 내면으로 정신을 집중한다. 삶에 어색할 수 있으나 시도하는 자이다. 또 내가 드러나는 지점이다. 침묵의 일반은 마음이 작동하는 '나로 돌아옴'이다.

나를 데려오는 실천은 존재 가능성을 침묵으로 표현한다. 한편, 세상 밖으로 표출되는 감정은 무엇인가? 어쩌면 에너지의 방출이며 몰락이다. 그리고 힘을 발휘하기 위한 준비운동이다. 이러한 의지는 나를 가두는 시간을 견뎌야 하는 숙제를 내포한다. 그러한 과정이 필요한 이유가 있다. 영혼의 방출을 자제하는 데서 나올 수 있다. 그리고 깨달음이란 내적 포만감이 충만할 때 방출되는 배설이다. 이렇게 내 안의 존재를 밝히는 방식으로 말해질 수 있지 않겠는가? 인간의 최고로 발달된 사고력의 실천은 자신을 스스로 데려오는 능력이다. 내면적 사상과 대면하는 사람은 침묵을 아는 자이다.

66. 나의 존재가 머지않아 사라진다고 생각될 때가 있다. 이렇게 인간에게 위기감이 주입되면 몸부림치는 기술이 탁월하다. 예를 들면 나의 일상적 평화에서 갖지 못한 소중함을 어느 날 갑자기 잃어버릴 때이다. 인간관계 및 건강 등의 상실이 엄습할 때이기도 하다. 이렇게 비본래적-현재 나를 잃어버린-살아감에서 본래적-미래의 나를 데려오는-살아감을 깨달은 순간이 온다. 이로써 사라짐에 대한 무(無)의 깨달음을 얻는다. 그 순간은 자기 존재를 인식하게 되며 진정한 자유의지를 펼치는 시작이다.

67. 자신을 강하게 인식하는 사람은 역사에서 주인공으로 살았다. 자신의 존재를 밝히려는 자이다. 이 순간을 숨 쉬고 있는 그들은 우리에게 잔상으로 남아 있다. 잔상으로 살아 움직이는 모든 것이 세상을 아름답게 일구는 요인이다. 그에 더해 지나간 역사 속 기억들도 힘차게 지금을 나아가게 한다. 사랑스럽게 용기 있게 대면하는 이들이 우리들의 영웅들이다. 그래서 나는 오늘도 살기 위해 살아간다. 인간의 내면에 살아 있는 두 존재 내지는 세 개의 다른 존재들이 있다. 그들은 내 안에서 투쟁의 연속성에 구속되며 살아간다. 또 승리의 깃발이 존재하지 않는데 마치 뭔가 있는 듯 전투적이다. 이 얼마나 어

리석은 짓인가. 그리고 스스로 거짓 욕망과 타협하며 드러내기에 급급하다. 결국은 스스로 실망하면서 말이다. 시선을 높게 올려 보면 거대한 천상이 보인다. 반대로 아래로 시선을 돌리면 당연히 지상의 삶이 반긴다. 스스로 생각하게 하는 천상의 그림은 나의 자유롭고 독립적 상상의 서판(書板)이 될 수 있다.

그대 자유로워졌는가? 천상을 보았구나. 그러므로 스스로 자신이라고 부를 수 있다. 스스로를 인정하는 시간을 가졌으니 기뻐해도 될 일이다. 너무나 많은 시간을 지상에서 소비하지 않도록 해야 한다. 그곳에선 우리는 어차피 노예다. 스스로 가둘 수 없을 만큼 마음이 허약해졌는가? 그랬다면 이미 타락했다는 증거다. 아직도 가둘 수 없는 마음이 있는가? 또한 붙잡지 못한 시간을 후회하는가? 그렇게 친절한 마음은 쉽게 다가오지 않는다. 세월이 지나 놓아 버린 심장에게 애원한다. 하지만 다시는 새로운 피는 생산하지 않을 것이다. 마음은 돌아올 수 없다. 가장 무섭고 두려워야 할 자신을 사랑한다고 말하지 말라. 적이 되면 될수록 자신을 전투적으로 가두는 영웅이 된다. 그 길이 자신이 되는 길이다. 그래서 사람은 위험하게 살 필요가 있다. 가장 빛나는 삶은 위험한 자기표현에서 나올 것이다. 인류는 침묵을 강요받지 않는다. 그러나 침묵의 표현은 성찰이다. 역사가 말하듯 침묵은 비겁함에 대답하지 않는다. 보자! 가장 밝은 곳을 찾아 헤매는 것도 우리다. 탐구하고 생성하는 곳이 나의 표현의 장소다. 삶의 희극과 비극이 주는 선물은 고통이라고 말한다. 그 고통에 드러내는 행동은 지극한 살아감이다. 당신의 표현은 두 가지일 것이다. 침묵과 말함이다.

살다 보면 나의 주체적 표현에 따른 긴장감이 있을 것이다. 이에 자극받지 않는 인생이란 있을 수 없다. 우리는 그 고통의 아름다운 자극에서 살아 움직임을 감지한다. 그래서 인간의 필멸(必滅)이 알려 주는 교훈이 있다. 우리에게 다가오는 자극적인 죽음은 사라짐에 대한 저항으로 살아간다.

68. 자기 주체성이 사라진 내면세계에서 나를 발견하기란 희박하다. 대중은 나에게 안락이다. 나는 군중에 일부가 되어 오늘을 안락하게 느낀다. 그리고 나를 타다 남은 재로 만든다. 그럼에도 불구하고 나와의 대결내지는 탈출의 의지는 나를 밖으로 던진다. 거기서 얻은 마음은 홀로 건강하게 지내는 고독이다. 나는 고독의 정글에서 두려워하지 않는다. 그 정글의 무한함이 선사하는 고독은 나로 태어나는 기로(岐路)이다. 아울러 나에게 명령하는 자기 주체성의 확립이다. 어떻게 하겠는

가? 나의 현재 위치에서 말이다.

세상은 영원하고 허무한 사실에 놓여 있다. 다만 지금 내가 존재하기에 나는 오늘을 느낄 뿐이다. 지금의 존재를 표현하고 말하는 주체는 '나'이다. 그래서 아무리 작은 존재자라 하더라도 스스로가 없으면 아무런 의미가 없다. 지금이 그렇다. 소망하지도 전진하지도 않는 삶이다. 의미 없음은 당연한 사실이 아니겠는가? 그럼에도 아주 사소한 의미를 더 확장하고 키워 갈 수 있다. 그 이유는 나는 엄연한 여기에 있는 존재자라는 사실이다. 자연스럽게 '나'라는 존재는 앞, 뒤의 영원한 시간 중에 잠시 머물 뿐이다.

지금까지 인간이 만들어 놓은 세상을 본다. 아울러 '신'이라는 존재를 의심케 한다. 지금 현재 세상의 조정 능력은 무엇인가? 여기를 의심하는 마음은 신이라는 존재를 돌려세운다. 나의 온화함은 신보다 더 현실적이라는 사실이다. 이를 애써 부정하고 스스로 나약하다 하지 말자. 그러면 열정은 저 심연 깊숙한 곳에서 얼어붙고 말 것이다. 인간의 위대함은 신에 대한 반칙에서 나온 결과임에 확실하다. 얼어붙고 움직일 수 없는 영혼의 씨앗을 뿌려 댄다. 다시금 그 씨앗을 뿌릴 수 있는 존재는 인간임에 부족함이 없다. 내가 여기서 행한 모든 일이 다시 평가할 수 있는 영역이 있다. 이를 안다면 여기에 존재하는 것이 맞다. 우리는 신의 울타리에서 살았던 과거의 사람이 아니다. 지금은 인간이 만들어 놓은 세계에서 인간 스스로 '새로운 신'을 숭배하고 있다. 그 새로운 신이란, 인간이 파괴하고 창조한 진보의 산물인지는 누구나 알고 있다. 그러나 최종적 신은 '내 자신'이 되어야 한다.

69. 누구나 어느 날 문득 살아감에 대한 의문을 갖게 되는 시기가 온다. 그 때 내 눈앞에 보이는 닭이 먹이로만 보이지 않을 것이다. 삶을 변화시키는 시작점은 의외로 쉽게 찾아지기도 한다. 또한 의미를 생산하는 발화 지점은 지금 고착된 생각에서 벗어나는 순간이다. 내가 갇혀 있는 굴레에서 일부러 탈출하려는 의식적 활동은 새로운 각성이다. 이쯤 해서 스스로 가야 될 방향은 자연적 현상과 타협한다. 그렇게 되는 순간 자연인이 되는 일이다. 이러한 생각이 드는 건 어쩌면 우리가 만들어 놓은 엄격한 세계가 아닌가? 이러한 소유욕을 생산하는 물질세계로부터 이성적 권태가 찾아오는 중이다. 이제 우리는 본능적 감각을 찾아가는 의식적 벗어남의 중간 지점에 서 있다.

고통에서 새로움을 창조하는 능력은 자기의 순수한 능력이 아니다. 자연 속에서 발아되어 살고 있듯이 극히 자연적인 순환에 일부이다. 한 단계 한 단계 상승한다는 의미는, 나의 의지로 순간을 표현하는 결과물이다. 인간 삶이 그러한 순간을 생산하지 않고서 과연 무엇을 논할 수 있겠는가? 지금 당장의 어설픈 실존의 빈약함을 던져 버리고 과감히 자연적 고통과 마주해야 한다. 그 순간 더 이상 고통은 고통으로 다가오지 않는다. 자연적 고통과 경이로움은 당신을 더욱 강한 존재로 만들 것이다. 지금까지 인간은 자연 세계를 외면하고 불편함을 최소화하려는 목적을 수행했다. 그 결과 편리함이란 결과를 가져온다는 명목하에 인간은 자연을 괴롭히고 재촉했다. 따져 보자! 자연과 함께하는 불편함이 얼마나 경이로운지 아는가? 자연으로 돌아간 순수 정신이 알려 주고 있다. 자연을 외면한 인공적 편리함의 속성은 인간을 게으르게 하는 원동력으로 작용한다. 지금이 그러한 시대의 절정이다. 이는 지속적으로 인간을 약하게 만들 것이다.

이제 허약한 우리에게 채찍을 가할 때가 됐다. 살아감에 대한 책임지는 의식으로부터 내 자신을 호출하는 현명함을 가져오라. 그로 인해 우리의 빈약한 열등감은 사라지게 된다. 따라서 우리는 세속적 세상에서 상대적이라고 할 비교 대상을 염두에 두지 않는 반항정신이 필요하다. 이러한 정신은 나만의 세계를 만들어 가는 특권으로 이루는 현상이다. 또한 자연과 동화되는 삶 속에서 자기 극복의 장인 정신이 나온다. 이로써 자연으로 향했던 실존이 탄생한다. 먼 훗날 다행스럽게 내가 살았던 흔적을 누군가가 흐뭇하게 발견할 것이다.

70. 자연과 함께하는 인간 활동은 땀과 어울림을 사랑한다. 자연이 가져다주는 불편함이란 인간이 만들어 놓은 관념에 일종이다. 대지(大地)를 사랑하는 노동하는 인간의 본질은 경이로움이다. 이는 자연으로부터 신성한 존재를 의식하는 인간 사유의 정점이다. 최종적으로 우리는 자연의 숭고함으로부터 강해질 것이다. 우리가 바라는 귀향은 자연의 경이로움을 바탕으로 아름답다. 이는 곧 생성하는 정의로 나타나리라.

71. 우리 인간이 가장 약한 마음을 드러내는 순간이 있다. 세상이 두렵다는 증거다. 이는 내 의식 밖에 커다란 벽이 존재한다는 어리석은 생각이다. 그렇다 하더라도, 이 세상과 모든 존재의 무심함을 내버려두어라. 아무도 너의 놀이 공간을 스스로 만들어 주지 않는다. 힘없이 떠도는 나룻배가 왜? 자기 목적지에 도달하는지 그 이유를 생각해 보라. 그 나룻배는 스스로를 알기에 바다의 물결을 탓하지 않는다. 목적지는 나룻배가 닿는 곳이 해당된다. 더 이상 욕망하지도 않는다. 그 바다

의 무심함이 자연의 이치이거늘 무엇을 얻고 잃었다고 말할
수 있겠는가? 아무리 꿈을 꾸어 본들 내가 이루고자 하는 꿈
이 꾸어지는가? 상상은 우리의 능력이다. 그렇게 만족하는 우
리의 능력은 나타나고 사라지고를 반복한다. 조용한 거리에서
주변의 소리가 말한다. 꿈은 조용한 상상으로 키워 가는 소리
로 작동한다. 이윽고 그림자를 만드는 태양은 너의 의지로 정
오(正午)가 될 것이다. 너의 그림자가 사라지는 그때가 비로소
자연과 하나가 된다.

72. 생존 본능과 대의(大義)에 대한 결의는 자기를 속이기도
한다. 그 이유는 나를 속임으로써 양심적 책임에서 해방되기
때문이다. 생존 투쟁은 자연스러움 그 자체다. 이는 사실상 너
무나 당연한 사상이며 기쁨일 뿐이다. 또한 나를 기만하는 행
위는 타자를 향한 야만적 행동이다. 이를 긍정적으로 바라보
면 이러한 생존 투쟁과 결의는 나로 거듭나는 계기로 이어진
다. 여기서 자기와 대중의 의미는 새로운 국면으로 해석되는
차이점이 발생한다. 우리가 알아야 할 점은 대중으로부터 벗
어나려는 고귀함이다. 반면 대중으로의 침투는 나를 끌어안아
주려는 시도를 무시하는 행위다. 삶의 결단과 책임은 고독한
자기 자신으로 돌아오는 것이다. 이와 더불어 대중으로부터

탈출을 감행한다. 우리가 추구해야 할 일은 나의 의식적 벗어남이다. 이로써 대중 속 고독한 사상이 만들어진다.

이렇게 인간이 현실을 인지하고 있다는 사실이 얼마나 생동감 있는가? 우리는 두려움에서 해방되기 위해 대중을 만들어 왔다. 대중 속에서 자기 스스로를 소멸해 가며 얻는 게 평화와 안전이다. 하지만 이는 곧 권태를 낳는 결과를 가져왔다. 이윽고 오래 견디지 못하는 나락을 맛보았다. 인간의 기억력은 무한 축척이 안 되는 행운으로 오늘을 갈구한다. 그 누가 목적을 매 순간 되물으며 살겠는가? 이처럼 쓸모없는 에너지를 방출하는 우둔함도 없다. 대중 속에서 궁극적인 삶을 말하지 않는 이유가 있다. 우리는 반드시 이방인이라는 냉정하고 엄격한 지축(地軸)-인간 삶의 엄격함-에 가려져 있기 때문이다. 그래서 무의식적으로 웃고 떠드는 세속적 쾌락을 개발할 수밖에 없었다.

73. 나를 향한 무심함에 대처하는 용기가 있는가? 게으름이 선사하는 편안함이며 쉽게 답하기 어려운 질문이다. 이는 가장 곤혹스러운 실험을 동반한다. 사실은 내가 더 무심한 지경에 이르러 있다. 그래서 애써 외부 조건을 들먹거리는 행위는 부당한 저항일 수 있다. 움직이지 않는 바위를 향해 아무리 내가

사랑한다고 한들 바위의 침묵에 나는 굴복된다. 지금도 사라지지 않는 무심함에 굴복되고 있다. 그 이유는 자연에게 너무나 많은 것을 요구했던 결과이다. 자연은 이제 반동적 사상이 돼 버렸다. 그리고 자연은 어김없이 우리를 침략하고 있다. 불행이도 자연은 인간을 버리는 중이다.

74. 생존이라는 인생은, 인생이라는 생존에 속임수다. 이제는 인간이 창조한 가치라는 조건에서 탈출하라! 또 다른 가치 기준은 무엇으로 말할 수 있을까? 과연 새로운 가치는 어디로부터 찾아야 하는가? 인간이 만들어 놓은 가치 기준을 신과 같은 존재로 받아들이는 삶의 조건인가? 어둡고 어두운 시선은 우리들을 맹인으로 변화시켰다. 그리고 나의 흔적을 잃어버렸다. 이제는 흔적을 남겨 보는 우상을 알아봐야 될 일이다. 마음속 그늘이 얼마나 많이 축적되고 있는지는 오랜 생존과 비례한다. 그래서 마음의 소화력을 위해 덜어 내는 일이 중요하다. 하지만 소중한 것과 불필요한 오염을 가려내어 덜어 내기란 쉬운 일이 아니다. 그래서 인간 합리화는 극히 보편적인 자기 사랑임에 틀림없다. 궁극적으로 우상의 정점은 자신일 수밖에 없다. 이에 합당한 책임 있는 과제는 철학 하기다. 그러한 철학적 담대함은 살아감의 책임으로 나타난다. 우리의 감

정은 순수함과 진보적 가치가 어울리는 철학이어야 한다. 이는 곧 다가올 미래에 철학 하기가 인간 전쟁에서 무기로 작동될 것이다. 아울러 경이로운 자연으로의 귀향을 예고한다. 그 길목에서 비롯되는 철학의 지혜로운 사랑이 시작된다. 자연으로 돌아가려는 우리들 중의 누구들이 꿈틀거린다.

75. 이제부터 나는 위버멘쉬를 넘어 '네오위버멘쉬'를 데려올 참이다. 세상의 물결에 대해 자기 극복을 외치던 위버멘쉬는 우리들이다. 이 대지 위에서 스스로 강해졌으며 성숙한 사랑과 극복의 당사자이다. 영원한 시간 속에 순간을 알아채고 즐기는 자이기도 하다. 또한 삶을 강력하게 만들고 이 세상 존재자의 생성하는 근본 성격이다. 그리고 운명을 사랑하라는 표현으로 우리에게 다가왔다. 우리는 자신의 길을 가지만 사랑의 힘으로 함께 가려한다. 영원히 반복되는 이 세계에 존재하는 모든 것의 자기 힘을 말했다. 그에 따라 새로운 가치를 생성하는 것만이 존재자라는 영역에 진입함을 알렸다. 위버멘쉬는 자기 존재를 밝혀내어 그의 내면으로 초대한 우리들이다. 그다음 우주의 모든 것을 '힘에의 의지'로 명명했다. 또한 우리가 말하는 평등한 가치 체계를 무너트리기를 원했다. 말하자면 힘에의 의지를 갖는 비도덕주의를 주장한 것이다. 또 선과

악의 이분법적 틀에서 벗어남을 추구했다. 이에 따른 여러 비판에 대해 우리의 해석은 각자의 몫임을 밝혀 둔다.

시대가 말하는 거대 담론에 그 시대를 비판하는 것은 모험이다. 그리고 그러한 위력(威力)을 견디며 위험하게 사는 용기다. 그다음 견디기를 마다하지 않는 긍지로 무장한 자긍심이다. 그래야 그 시대의 거대 담론을 넘어서기 때문이다. 이같이 모두를 논리적 이해로 포섭하지 않아도 되는 자기만의 힘이 필요하다. 따라서 타인을 밖으로 나오게 하는 방법은 모순(矛盾)을 주입해야 한다. 그리고 대중이 쌓아 놓은 영광 위에서 아슬아슬하게 자기를 견뎌야 한다. 지금 영광스러운 위버멘쉬는 지쳐 있다. 보라! 이 시대에 개별적 존재를 대중은 감싸지 않는다. 게다가 대중으로부터 자기 극복의 홀로됨은 외로운 일이다. 그러나 위버멘쉬는 지혜로운 외로움을 견디며 살아간다. 그 자신은 홀로 고독하나 미래를 침투하는 예언자이기도 하다. 그는 우리 중에 누구나이다.

불행히도 대중의 나약함이 지배하는 시대는 지속된다. 보다시피 소수의 권력이 대중의 권력을 집어삼키는 경우이다. 그리고 대중은 소수 권력의 노예로 살고 있는 중이다. 그렇다면 "네오위버멘쉬"는 어떻게 나타나는가? 그는 대중 속에 숨어 있으며 무의식의 따라감을 비판하는 중이다. 반면 자기 극복의 위버멘쉬는 우리 곁에 살아 있다. 수색해 보라. 찾아야 할 위버멘쉬는 수없이 떠돌고 있는 우리들의 동지들이다. 하지만 새롭게 나타날 네오위버멘쉬는 이 시대와 물결에서 쉽게 발견되지 않는다. 다만 상상의 곡예를 타면서 잡아야 하는 밧줄과 같다. 그는 하늘길과 바닷길에서 우연히 마주치는 구름과 파도처럼 나타나리라. 영광스럽게 살짝 비추는 햇살처럼 새로운 가면으로 다가올 것이다. 그리고 이내 사라지고 나타남을 반복한다. 네오위버멘쉬는 꽃바람을 일으키는 스스로의 우상으로 자라고 있다. 그의 사상은 사랑스러운 훈풍과 함께 우리를 유혹하는 중이다. 그는 스스로 움직이는 경이로움을 찬양하면서 우리에게 다가오고 있다. 그 또한 우리 중에 '누구나'이다.

76. 위버멘쉬의 탁월함은 삶의 강력한 힘에서 비롯됐다. 몰락을 감행하였고 창조적 파괴자로 거듭났다. 그리고 기존 가치를 넘어서 새로운 생성의 가치를 말했다. 위버멘쉬는 스승에 대한 제자가 할 수 있는 최고의 보답을 이렇게 말했다. "나를 넘어서지 못하는 제자는 스승에 대한 예의가 아니다." 이렇게 스승은 제자에게 사상의 예리한 칼을 휘두르기를 요구했다. 그것이 무엇을 말하든 아울러 이해하지 못하든, 나는 위버멘쉬를 넘어서야 한다. 이제 준비가 되었는가? 나의 말을 들을

준비 말이다. 나는 누구의 손을 빌리지 않는다. 단지 존재를 일으키는 네오위버멘쉬에 대한 입구를 말할 뿐이다. 위버멘쉬는 자기 힘에서 나오는 자기표현으로 살아간다. 더불어 영원히 돌고 도는 세상에 순간을 즐기는 자이다. 이제는 그 이상을 넘어서는 새로운 사상을 품은 자를 데려와야 한다. 이윽고 새로운 인간은 자기 자신을 데려온 사람이다.

그렇다면 네오위버멘쉬는 어떠한 사상을 품어야 하는가? 위버멘쉬를 뛰어넘는 자기 극복 위에 서 있는 그는 누구여야 할까? 그보다 더 강한 내적 공덕이 쌓여야 더 높은 위치에 도달할 수 있을까? 나는 새로운 사상과 깊이 있는 자기 성찰을 강제하지 않는다. 위버멘쉬를 능가하는 인간은 옳고 그름을 초월한 '자기 자신을 언제 어디서나 설명할 수 있는 사람'일 것이다. 위버멘쉬를 장착한 겸손하고 소박하며 단순함을 아는 네오위버멘쉬를 데려오리라. 더 나아가 스스로를 부끄러워하지 않는 '자유정신'을 말할 수 있는 사람이다. 말하자면 자신이 누구인지 깨달음의 표현을 충실히 실천할 사람이다. 또한 자연의 경이로움을 알고 그곳으로 향하는 우리들이다. 게다가 자기표현의 강함을 언제 어디서나 연출하는 광대-삶을 예술처럼 사는-이기도 하다.

77. 삶이 보여 주는 파노라마는 무엇을 그려야 할까? 살아감의 순수하고 단순한 자기표현이다. 인공적 삶의 풍경으로부터 멀어진 자기만의 서사를 그려 내는 자세이다. 예를 들면, 시인이나 철학자 광인을 포함한 인위적 가공으로부터 동떨어져 있는 자이다. 또 내면의 풍부한 갈망에 의해 단조롭거나 다채로운 그림으로 표현한다. 미루어 짐작하건대 인간 삶의 진보적 가치는 자기를 소화하는 능력으로 발휘된다. 더불어 자기를 소화한다는 무거운 책임을 인식하고 견딘다. 그리고 기꺼이 자기를 용납하는 인간 유형이다. 아울러 대자연의 모든 것에 대한 감탄을 연발하는 인간 유형도 포함된다. 이 같은 내적 충만함은 살아가는 단순함으로부터 시작이다. 또 이 세상을 깊은 감수성으로 표현하는 웅장함을 말한다. 거칠게 표현하면 있는 그대로를 말하는 존재 방식이다.

인류의 변화되는 역동성은 가느다란 실과 같은 뿌리에서 출발한다. 이어서 단단한 밧줄을 이어 가는 과정이다. 지금 내가 할 수 있는 일은 할 수 있다고 판단하기에 그렇게 실현되는 현상이다. 또한 그 지점을 넘어가는 행위는 마찬가지로 나를 보았기에 가능한 일로 나타난다. 허나 과정의 연속성이 보장되는 것은 아니다. 하지만 사라지는 가능성을 다시금 나타나게 하는 것 역시 우리의 의지로 표현된다. 그것은 내가 인식하는 첫 번째 사물을 이해하는 중요한 시작이다. 그건 바로 나와의 대면이며 '지극한 자기 사랑'이다.

우리는 약속을 하루에도 무수한 반복으로 저지르고 산다. 약속된 결행은 자기와의 토론의 결과이다. 또한 당신을 이해하고자 하는 분투임을 알아야 한다. 게다가 스스로 '내 자신'이 된다는 위대함을 적극 응원해야 한다. 그러한 실천은 지금의 내가 제대로 살고 있다는 표현이다. 그래서 속박되지 않고 구름 위를 걷는 신선과도 같은 성찰은 바라봄의 결정체다. 어느한 곳에 가려지지 않는 신선함은 주위를 맑게 하는 자연스러움이다. 이에 기뻐하는 시간을 소유할 수 있다는 충만한 사실이 놓여 있다. 바로 이러한 사고방식은 여기 있음을 제대로 살고 있다는 증거이다.

한편 나를 가두는 마음과 내가 돼 가는 마음을 구분할 수 있는 욕심이 있다. 그 욕심을 펼치다 보면 마지막 순간에 내가 사라지는 것과 나를 보게 되는 갈림길에 있을 경우이다. 이로써 자기의 사고력을 밀고 나가는 현명함이 존재한다. 이는 나를 더욱 빛나게 하는 단순함으로 기쁨을 맛볼 것이다. 아울러 구름 위에 떠도는 역동성을 포착하게 된다. 그때 우리의 본능은 대지의 충만함을 알게 된다. 이로써 자연으로의 복귀는 권태와 허무함을 무력화시키는 원동력으로 다가온다. 이렇게 나의 네오위버멘쉬는 이 대지 위에서 춤추는 광인으로 성장하고 있다.

78. 자기 극복의 과제를 충실히 수행하는 자는 더 고귀하고 욕망이 가득한 사상을 얻는다. 더 나아가 자기만의 세계를 구축하는 단계로 변신을 꾀한다. 아울러 경이로운 기분을 아는 네오위버멘쉬는 천상과 대지를 사랑한다. 그는 자기의 존재를 드러내기보다 차라리 숨어 있다. 그 대신 그 밖의 모든 것에 대한 예우를 갖춘 사람이다. 그의 밖에 실존하는 자연스러움에 이름을 지어 줄 수 있는 창작자이다. 더구나 자기만의 동굴을 완성하기 위해 살아가는 모든 이에게 축복을 선사한다. 이러한 설명은 네오위버멘쉬가 기대하는 미래의 희망이다. 또 경이로운 자연 속에 기꺼이 숨 쉬고자 하는 존재를 일으킨다.

자연이 선사하는 청량한 아침 공기는 우리에게 새로움을 시작하게 하는 바람이었다. 물의 단조로운 물결은 거대한 마무리를 갈망한다. 저 너머 해지는 노을의 반복은 삶의 단조로움에 슬픈 기운마저 보태려 한다. 그래서 항상 기운찬 시작은 노을을 보게 만든다. 그러면서 악마로 변하게 하는 웃음을 먹게 하는 것 같다. 사라지지 않는 악마적 노을이라! 내가 네오위버멘쉬를 말하는 건 실험도 가정도 설득도 아니다. 인간이 느끼는 허무함에 대한 반항이며 맞서는 행위다. 단순하게 조명된 사상적 배아(胚芽)는 더 더욱 아니다. 다만 구름처럼 만져지지 않을 깊이를 애써 수색하려는 철없는 짓이기도 하다.

이러한 반항은 드러나지 않으면서 나타나는 자기 존재의 갈망이다. 그러나 누구나 한 번쯤, 자기 과시에 놀라지 않는 사람이 없다. 머릿속에서 벌어지는 전투의 결과물에 쉽게 납득하지 않는다는 저항일 거다. 그래서 나를 이해하지 못하는 슬픔은 몰락으로 나타난다. 더구나 뭔가를 잡을 수 없다는 체념만큼 억울한 경우도 없다. 그러나 역설적으로 나를 이해하지 못하는 슬픔으로부터 이해하는 삶이 시작된다. 그래서 몰락이라는 침몰된 두려움은 새로운 저항의 씨앗이었음을 알게 되었다. 이렇게 나는 지는 노을을 바라보며 내일의 희망을 품는다. 이렇게 매일 반복되는 회귀(回歸)앞에 저항 정신이 낳은 생성의 결과물이 나의 존재를 밝혀낸다.

79. 나를 감싸는 자연의 맑은 보랏빛과 흐르는 물결은 존재의 의무를 재촉한다. 그래서 그에 적합한 가장 뛰어난 인간형을 수배해 보고자 한다. 그러한 사람을 꿈꾸는 일이 욕심일까. 혹시 나에게 악의적으로 응답하더라도 말이다. 설령 찾아지지 않는다면 순박한 영혼에 대한 악마의 속삭임이 잠재우기 때문

인가? 이 속삭임? 우울함인가? 우울함의 원인은 간단하다. 다가옴에 대한 불순이 개입되기 때문이다. 또한 부끄러움이 상존(常存)하는 경우이다. 이를 극복하기 위한 살아감에 대한 최소한의 책임은 무엇일까? 우리에게 다가옴에 대한 일어나지도 않는 사태가 있다. 이러한 현상을 두고 인간은 두려움의 소설을 창작한다. 이는 순수한 영혼에 대한 예우가 아니다. 따져보면 지금 상상으로 염려하는 미래의 소설 속 이야기는 현실로 일어날 가능성이 희박하다. 따라서 우리가 두려워하는 우연과 필연은 인간이 창안한 기만적 용어일 뿐이다. 이 모든 세상일은 그냥 그대로 나타날 뿐이다. 이것이 우리가 사는 자연 세계의 속성이 아니겠는가!

80. 내가 꿈꾸는 세상과 나의 위치를 바라보는 것은 불가능과 부조리가 설명한다. 우리는 그러한 불가능과 부조리에 역심(逆心)을 품어 보지 않았다. 그러기에 서로 사랑하는 법을 모르는 어리석음을 반복한다. 그렇다 하더라도 네오위버멘쉬는 꿈꾸는 어리석음의 창조일 수밖에 없다. 그는 나에게 창조하는 것과 만들어지는 것의 차이를 설명하라고 할 뿐이다. 그렇다! 창조도 만듦도 아니라면 "유일한 나를 말하겠다."라고 응수한다. 그래서 자신으로부터 나오는 사상의 근거는 살아감에

대한 솔직함에 근거를 둬야 한다. 솔직함이 안기는 부담감은 자기를 넘어서려는 무엇으로 향한다. 그리고 나를 가감 없이 보여 주는 위험함을 견디는 자세이다. 이게 나를 설명한다는 속성이다.

자기를 극복한다는 의미는 스스로를 뛰어넘는 무언가를 발견하는 것이다. 이는 수많은 경험적 사상이 자양분으로 작용돼야 하는 역동성을 수반한다. 오늘날 우리에게 요구하는 시대적 사명으로도 나타내게 하는 영웅적 서사이다. 하지만 영웅적 파노라마에 흥분한다면 자기 극복은 멀어진다. 따라서 우리가 영웅에 흥분할 경우 내면적 성찰보다 가시적 배설로만 표명된다. 단순히 보여지는 외적-소비하는 영웅-깃발에 응원하는 꼴이 된다. 이제는 나를 나에게로 돌려세우는 자세가 필요한 시기다. 이렇게 나는 네오위버멘쉬를 불러오고 싶다. 이로써 인간의 소유욕 중에서 정점으로 삼아야 하는 것이 '나를 오롯이 나'에게로 귀속시키는 일이다. 즉 나의 존재를 일으키는 기특함이다.

이로부터 자기 내면과 끝없는 투쟁이 시작된다. 궁극적으로 나의 살아감이 무엇인지 질문하는 자세로 돌변이다. 이로써 자기 고통과 대결하는 의지를 발휘한다. 또한 이를 고르게 유지하는 의식적 각성이 필요하다. 이러한 의지의 항상성(恒常

性)은 수도자의 수행 덕목과 일치한다. 수도자(修道者)는 필요한 것과 불필요함의 구분을 알리는 자이다. 이 세상 존재에 의한 탁월한 숭고함은 어느 곳에나 있다. 그로부터 영웅을 감지하는 지혜가 필요하다. 그러한 부류는 무심히 지나쳤던 이 세계를 경이롭게 바라본다. 하지만 안타깝게도 지금 시대는 광장의 영웅으로 가득하다. 그리고 그러한 영웅이 되고자 스스로를 버리는 행위를 한다. 이러한 사실을 놓고 보면, 우리가 영웅적 이야기에 얼마나 종속되어 있는지 알 수 있다. 광장의 영웅들이 나의 에너지를 앗아 간다는 무서운 사실이다. 이제는 나의 방출된 에너지를 나에게로 돌려세워야 할 때이다.

81. 자신의 생각을 자기만의 고유한 사상(思想)으로 발전시키는 사람이 있다. 그러한 사람은 자신이 가진 야심(野心)을 채워 넣을 빈 영역을 만들어 간다. 텅 빈 공간을 확보한다는 위대함은 무심함과 냉정 속의 온유함을 아는 사람이다. 그러한 인간이 넓은 공간에서 춤추는 행위는 자기 극복을 넘어선다. 더불어 예술적 자질이 풍부한 꼬리표이며 인간이 누리는 최고의 행위이다. 계절이 바뀌거나 세월이 지남에 따라 영롱한 우리의 영혼은 더욱 맑고 푸른 시선에 고정되리라. 그 시간이 도래하거나 반복되는 지점을 발견하는 이는 네오위버멘쉬의 영

광을 가져가도 좋다. 그는 태어나고 자라난 고향 속 농부와도 같다. 이렇게 자기 스스로를 데려간 전설이 말했다.

82. 자연의 평화로운 세상이 원래의 모습이라면, 궁극적으로 평화로워야 진리에 도달한다. 하지만 그렇지 않는 것으로 보아 진리의 양면성은 파괴 내지는 통합이다. 그래서 인간은 진리를 두려워하는 숙명을 타고났다. 인류가 저지르는 끝임 없는 전쟁과 파괴를 일삼는 행위. 이 또한 평화를 위한 행위가 아니겠는가? 그러나 진리에 도달하기 위한 온갖 시행착오가 난무하는 세상. 어쩌면 당연한 일이 된 세상이다. 하지만 동물 중에 가장 멍청한 동물은 '인간'이 아닐까. 그에 따라 진리는 인간에 의해 파괴되고 사라졌다. 따라서 우리가 겪는 지금의 거친 파도 같은 세상. 이러한 세상은 인간이 만들어 가는 아름다운 세상이 아니다. 극히 인공적 과정일 뿐이다. 부정하기에는 두려운 인간들의 삶은 한계가 있다. 그 한계 내에서만 머물고 헤엄치는 어항 속 물고기와 다를 바 없지 않는가? 이 순간에도 악의적인 몰락의 파도를 일으키며 살아가는 우리들이다. 존재를 망각한 소유와 욕망이 최고의 삶이라고 느끼면서 말이다.

　인간이 만들어 놓은 세상도 자연적이라고 우기면 어쩔 수 없다. 허나 지속적으로 인간의 타락함에서 오는 불안이 지속된다. 그래서 인간은 잡히지도 않는 진리 탐구의 바보짓을 하는 중이다. 이어서 불안을 잠재우기 위한 고귀함을 찾으려 한다. 그 중심에 영웅적 서사에 심취하는 우리의 근성은 뭔가? 욕망의 신을 숭배하고자 하는 어리석은 대중을 유혹하는 짓인가? 따라서 논리가 약화되는 이유는 세상의 중심적 역할이 영웅적 서사로 평가되는 경우이다. 비겁하게도 지금 시대의 거대 담론과 사상은 영웅을 숭배하는 곳에 머무르고 있다.

83. 인간이 멸종하지 않고 살아가는 배경에는 51:49의 법칙이 있다. 우리는 생존하기 위한 동물로 진화했기 때문이다. 절대적 생존에 필요한 구성 요인은 학습의 결과보다는 거의 본능에 가깝다. 51:49 중 51의 생존의 역할 49의 파괴의 외침! 이 둘은 30만 년 전부터 내려온 호모사피엔스의 선물이다. 개별적 인간이 사라진 무리 동물의 세상이 작동되고 있는 게 증거이다.

　우리는 찰나의 이 짧은 순간에 어떠한 이론적 가치를 창조할 수 있는가? 그 이론이 인간의 삶에 영향력을 얼마나 행사할까. 알 수 없는 먼 과거를 우리는 애써 힘차게 돌진한다. 그리고 인간 특유의 현재라는 의미를 생산하고 있다. 그다음 개발하고 창조한다는 미래의 독약을 마시는 중이다. 다시 한번 말하거니와, 인간 세계가 유지되는 올바른 이유는 한 가지다. 내가 만든 51:49의 법칙이 엄연히 작동 중이라는 사실이다. 51의 생존 본능의 올바름과 49의 생존 본능에 역행하는 알고리즘이다. 이 현상은 항상 일정하고 변함없이 작동 중이다. 하지만 이 또한 무너지는 순간이 도래한다. 인간이 지금을 멈추지 않는다면 지구라는 행성은 문을 열어 인간을 추방하게 될 것이다. 그래서 굳이 인간 무대에서 탁월한 옥석을 가려내는 행위는 슬픔이다. 그러나 진보를 만들기 위한 상처는 필요하다. 또 그를 따르는 대중은 필요충분조건이다. 여기서 네오위버멘쉬는 살아 움직인다. 그는 대중 속 옥석이 아니라, 살아 있는 본능의 충실한 사상가다. 호모사피엔스의 추장이 여기에 존재한다. 어깨춤을 유도하는 추장은 어디에 있는가? 51의 순수한 생존 본능을 간직한 네오위버멘쉬가 돌아오고 있다.

본능을 충실히 가져오고 보내는 자야말로 51의 절대자라 할 수 있다. 모든 자연적 유산을 용해시키는 51의 인류는 사랑스럽기도 하다. 그들은 스스로 '자기 자신'으로 살고 있다. 사랑스럽고 용맹한 사람들이다. 51과 49의 대결 속 행진은 얼마나 아름다운가. 어느 누가 인위적으로 이 엄청난 불변의 법칙을 이제껏 파괴한 적이 있는가. 수학자는 나에게 분명히 웅변하고 있다. 언제나 51:49의 희망이 인류의 보편적 삶이라고! 그래서 사랑스럽다. 51:49의 존재 이유다. 따라서 자기극복의 한계를 뛰어넘는 51의 위대함을 말해야 한다. 이미 우리에겐 51의 네오위버멘쉬가 장착되어 있다. 이러한 반가운 복음이 도사리고 있다는 것은 찬란한 무지개다. 그래서 우리 모두는 '나' 자신으로부터 영웅으로 살아야 할 책임이 따른다.

84. 우리의 고유한 사상의 물결에 더 이상 배를 띄우지 않아야 한다. 자기의 사상을 붙잡고 놓치지 않는 우둔함이 필요하다. 그렇기에 나는 이 대지 위에서 네오위버멘쉬를 호명할 것이다. 그는 하늘 위로 외치고 대지 밑으로 밭을 간다. 하늘과 대지는 이 용감한 자에게 비와 새싹을 선사한다. 또 우연과 필연이 작동하지 않는 흘러감의 자연스러움을 가르친다. 그래서 우리의 사상은 소박하고 겸손하며 단순함으로 나아간다. 지금까지 동·서양을 막론하고 '최고의 인간 유형'을 말하는 표지는 무얼까? 철학을 실천하는 사람들은 한결같이 '시대의 고통'이었다. 무언가 말하고 표현하는데 역사를 만들어 보려는 갈바람 같은 인물이 많았다. 그들은 광기를 낳았고 갇혀 있었으나 '자기 자신'이었다.

새로운 역사를 보고자 한다면 살을 베는 고통이 엄습하는 과정을 겪어야 한다. 그것은 창의적 본능으로 표현하는 고상함을 입어야 한다. 이것은 일반적 사랑실천으로 자연에서 비롯된 본능이다. 이에 따라 가장 높게 상승하는 기류를 타는 인간이 탄생한다. 미래의 네오위버멘쉬는 방랑의 길을 유쾌하게 여기는 유형이 되리라. 아울러 네오위버멘쉬는 겸손한 어울림을 실천하는 자이다. 즉 우정을 말한다. 정치적 행위가 갈등을 먹이로 한다면 살아 있는-깨어 있는-사람들의 생존은 우정과도 면밀히 대면해야 한다. 그래서 사회적 갈등의 쾌락을 쓸모없음으로 소멸하는 용기가 필요하다. 우리는 존재를 위협하는 것에 대해 우정으로 단결해야 한다. 반면 갈등의 최고점에서 비롯된 투박함과 물의 낭비는 목마름을 이어 가게 하는 질투다. 우리의 사명은 사랑과 우정이 필요한 지점에서 회피의 문고리를 잡으면 안 된다. 왜냐하면 인간은 사랑과 우정을 먹이로 성장하기 때문이다. 그래서 회피의 문고리를 잡는 순간 아름다운 결투와 승패는 멀어진다.

85. 다가올 네오위버멘쉬는 우리에게 말한다. "인간 이성이 성찰하는 비극의 시대를 보았다." 이는 비극적으로 자유를 타락으로 내모는 상황이다. 자연스런 감각은 사라지고 인위적 인공물이 창궐하는 비극의 시대다. 그러나 어느 지점이 되었든

자신의 어깨 위에 위치해 있어야 한다. 우리에겐 높이 날아 보고 넓게 생각하는 이성과 본능의 합작이 필요하다. 이는 반드시 자기를 발견하기 위한 재료임을 알아야 한다. 그 알아챔은 분명 본능이 전달하는 느낌으로 우리에게 다가오고 있다. 그렇지 않다면 우리는 대지 위의 풀뿌리에 지나지 않다.

우리를 유혹하는 인간 본질-사랑, 협동-을 저해하는 시나리오는 지극히 불행하다. 내가 악의적이라고 말하긴 부끄럽다. 하지만 사랑스러운 갈등과 파괴의 영향이 있었다. 그로 인해 인간들은 사랑과 협동을 낳았다. 갈등이 표현되는 이야기는 알 수 없는 반죽 속 숙성 과정이다. 세상의 알고리즘이 선(善)한 역동성을 반드시 동반한다는 순진한 생각은 설득이라 말하지 않는다. 다만 우리를 화나게 하는 지금의 현실이 비극이다. 그렇다면 신의 존재가 무슨 의미가 있을까? 실제로 존재할 수 있는 유일한 원인은 자연적이다. 즉 시간과 공간을 배제한 현실 속에 나타나는 나의 표현이다. 이는 자연스럽게 내일을 살겠다는 무의식이 선사하는 선물이다. 그래서 찰나의 순간을 이해하는 어리석음이 필요하다. 이를 인식하지 못하는 인간은 고통을 선사받는다.

위버멘쉬는 자기 극복의 인간이었다. 또 대지 위에서 가장 위대하다는 자유정신의 소유자라 하였다. 이 삶을 무한 긍정하는 자유로운 인간형은 이미 출현하였다. 그렇다면 내가 말한 네오위버멘쉬는 어떻게 다가오는가. 지금은 오지 않았다. 그가 모습을 드러내는 시기는 우리 안에 있다. 그러나 우리가 희망하는 세계와 같이 오지 않을 것이다. 그럼에도 수 없이 많은 파도를 견뎌내는 이 역사적 정점에서 우리에게 잉태되리라. 그는 성장하고 있으며 구름 위에 떠 있는 자이다. 알아챘는가! 네오위버멘쉬는 우리들 중의 누구나이다. 그는 '우리 자신이 되어야 한다.'는 사실을 말하고 있다. 하지만 네오위버멘쉬가 되는 길은 종교적 우상과는 다르다. 우리가 아는 종교적 우상이라 함이 무엇인지 너무나 잘 알려져 있다. 그 우상에 우리는 지쳐 있다. 우리가 찾고자 하는 영웅은 알 수 없는 세계를 헤매고 있는 중이다. 때로는 나타나고 때로는 사라지는 상상이 빚어낸 신기루와 같다. 그 신기루의 발현은 우리들의 몫이다. 그동안 경험하지 못한 네오위버멘쉬는 결국 우리 안에 존재한다.

86. 나는 사상(思想)을 필연적 감성으로 표현함을 경멸한다. 사상이 각본에 의한 목적을 지향한다면 그건 사상의 깊이가 아니다. 단순히 먹이를 찾는 동물과 같다. 필연적 감성의 표현은 대결을 회피하려는 패배한 검투사와 다를 바 없다. 우리는

우연에 얼마나 당황하는지 모른다. 그러나 닥쳐오는 우연의 파도는 거세다. 그로부터 나온 무의식적 감성으로 무장한 사상과 글이 아름답다. 그것은 당신이 나를 이해하든 말든 무슨 상관이겠는가. 모두를 이해시키려는 강박은 존재할 수도 없다. 또한 그렇게 이해되는 창조는 쓸모의 밖이다. 자기만의 사상은 끊임없는 타자와의 대결을 예고한다. 그래서 새로운 사상은 외로우며 거칠다. 또한 지속적으로 전투적이며 타협을 거부하는 고독한 방랑자일 거다. 결국 자기 안으로 침투한 사상은 스스로를 존재하게 한다.

그래서 네오위버멘쉬는 이렇게 탄생될 것이다. 자기 자신을 신앙으로 받아들이는 깨어 있는 사람이다. 신앙으로 영원히 우리 곁에 남는 조건은 '내 자신'이다. 신앙이 필요하다면 나를 '영웅'으로 창조하는 자가 되어야 한다. 그는 이렇게 예언하고 있다. "자기 스스로를 숭배하고 찬양하는 우렁찬 인간. 그러기 위해 스스로 명령하고 자신을 따르는 인간. 이 세계의 찬란함이라는 속임수를 무덤 속으로 과감히 지워 버릴 수 있는 인간. 강한 내적 자유의지를 갖춘 인간. 침묵을 가르치고 그 침묵에서 수많은 사상과 심연의 깊이를 발굴하는 개척자. 온전한 내 자신의 그림자 외에 아무것도 벗어나지 않게 나의 그림자를 없애려는 인간. 기꺼이 말 없는 나무가 되기를 유쾌하게 승낙

하는 움직이지 않는 고립의 찬양자. 주관적 통찰 의지를 통한 자기 신앙과 믿음에 대해 욕심내는 인간 유형이다." 먼 훗날 새로이 나타날 우리 자신들의 영웅이다.

이렇게 실천적 과제를 스스로 알아내는 네오위버멘쉬는 무의식의 의식을 존중한다. 그의 모습은 무의식을 표현하는 미래의 인간형이다. 그리고 네오위버멘쉬는 무의식의 따라감과 의식적 벗어남을 통찰한 자이다. 탄생의 슬픔과 죽음의 기쁨을 올바르게 이해하려는 인간이다. 또 영혼을 이 세상에 남겨두고 떠나려는 인간이기도 하다. 그는 소멸하는 것과 동시에 태어난다. 아울러 동물처럼 사는 자이며 자연의 숭고함을 밝혀낸다. 이로써 인간 특유의 권태와 허무함을 잊는다. 성인으로 살기도 하지만 자연을 숭배하는 바보이다. 이어서 동물적 본능을 포기하지 않는 사랑 위에 군림하는 인간 유형이다. 더불어 이성의 끈을 놓지 않고 전진하려는 의지의 소유자다. 게다가 본능과 이성을 오가는 시계추와 같은 놀이에서 자유로운 자다.

87. 인간의 존재를 드러내게 하는 결정자는 '자기 자신'뿐이다. 그것은 가장 완성된 자기 성찰의 드러남이다. 자기를 밝히려는 자는 객관적 사실을 배제한 주관적 통찰로부터 세계를 그

려 나간다. 그래서 살아감의 책임은 자신으로 향한다. 누구보다 자기에게 솔직한 자가 최고의 앎을 실천하는 사람이다. 그와 같은 인간 유형은 스스로를 유리처럼 여기며 끊임없이 닦아 내려 한다. 지금 시대에 자기를 온전히 극복하는 인간 유형은 넓은 바다 속 고래와 같다. 이 세상의 넓고 깊은 수많은 변화 속에 자신을 스스로 녹아내리게 하는 능력자다. 우리는 그들을 발견할 수 있는 세계에 살고 있다. 인간이 만들어 놓은 문명이 그들을 다행히도 발굴하는 데 쓰임이 있다. 그리고 자기 주관적 성찰로 철학을 탐구한다.

인간 질서를 확립했던 요인은 권력의 행사였다. 선과 악을 비롯한 옳고 그름을 떠나 자신의 목적을 달성하기 위한 방편이다. 살아감의 강력함을 바탕으로 자기 권력을 이용한 성취의 과정이었다. 그러한 과정이 쌓여 역사가 되었고 현재와 미래를 지배하는 신념으로 우리는 설계되었다. 이러한 사실을 인식한 뛰어난 인간들은 자신들의 권력을 이용한다. 하지만 인간세계의 질서를 합리적인 자발성으로 설명한다는 것은 불가능하다. 우리는 합리적 이상을 추구하지만 그것 역시 불완전한 인간 이성이 분출하는 메아리에 불과하다. 따라서 이렇게 작동되는 인간 섭리의 흐름을 알았다면 우리는 권력에 집착하는 것이 맞다.

자기 힘에 의한 권력이란 어쩌면 거대한 성과 같지 않을까. 따라서 누구도 나를 넘어서지 못하게 높은 이상과 깊은 통찰력을 장착해야 할 일이다. 여기서 흔히 말하는 세속적이고 천박한 권력이 아니다. 그래서 네오위버멘쉬의 권력은 단순하게 표현된다. '자기 스스로를 강하게 만드는 방법밖엔 의미가 없다.' 즉 내가 권력에 먹히면 존재 이유가 사라진다는 사실이다. 우리가 만들어 놓은 윤리·도덕이란 울타리에 깊숙이 학습되면 나는 소멸할 것이다. 우리가 역사를 배우는 이유를 말하지 않는가? 역사는 권력의 표현임과 동시에 인간 질서의 기준으로 기억된다. 여기서 '세속적 천박한 권력'과 '자기 사상의 권력'은 분명히 다르다. 다양한 관점과 사상의 표현은 내가 가진 권력 감정과 반드시 함께한다는 사실이다. 그래서 우리가 구분해야 할 권력의 차이를 탐구해야 한다.

88. 지금! 네오위버멘쉬를 맞이하기엔 대중의 기득권이 너무 강한 느낌이다. 시대적으로 거대한 문화와 문명이 우리를 길들이기 때문이다. 이러한 이유로 우리는 네오위버멘쉬의 사상을 받아들이기엔 어색하다. 새로운 태양과 새벽은 존재하지 않듯이 인간 무리 속 태양은 새롭지 않다. 설령 존재하더라도 너무나 부끄러워 자신의 모습을 드러내지 못하고 있다. 동

지들의 숙성된 과정이 너무 길어서 새로운 맛을 창조하기엔 이르다는 생각이 든다. 역설적으로 우리들은 현대의 거대담론에 의해 이미 숙성되었다. 그래서 변화되지 못할 숙명을 안고 있는 건 아닐까. 그 숙성이 우리들을 가두고 있다. 그래서 거짓 숙성의 두려움이 엄습한다. 두렵지만 끝없는 인간 미래는 아무리 노를 저어도 도달할 수 없다. 즉 피안의 땅을 선사하지 않는다. 길고 긴 억눌림에 일어서 보려는 시도는 인간에게 쾌락을 선물하고 달래려 한다. 그래서 지금 우리는 여기에 머물 뿐이다. 그럼에도 불구하고 네오위버멘쉬는 우리들 중에 누구나에게 꿈틀거린다.

그럼에도 불구하고 인생의 선물은 자기 내면의 갈등과 화해하고 승리하는 자가 받는다. 또한 자기를 온전히 분리시켜 삶을 놀이로 즐기려는 사람이기도 하다. 스스로를 높이 올라가게끔 욕망하는 사람이다. 우리는 한 번의 인생이 허무하다면 건강하게 다시 태어나는 것이다. 죽어서도 다시 태어나는 인간이다. 그는 곧 자기와의 대결에서 승리한 자이다. 필연적인 인간 삶의 고통에서 무한 긍정으로 화답하는 숭고함이 있을까? 이러한 사실을 보여 주는 일이 가능하다는 건 인간이기에 그렇다. 그러한 사람은 운명적인 역풍과 거센 파도를 흔들림 없이 올라타는 능력을 발휘한다. 그에게 닥친 바람과 파도가 꺾일 때 다시 태어나는 용감함을 증명하는 평화로움이다.
이 대지에서 사라지고 네오위버멘쉬를 예고한 인간은 하나도
빠짐없이 거친 바람과 높은 파도와 함께한다. 이윽고 넓은 바
다는 우리들의 무대로써 수많은 파노라마를 선사한다. 이어서
우리는 그와 함께 춤추는 광대가 된다. 따라서 나의 실존의 존
재 방식을 실감하는 행운이 따라오리라. 아울러 붉은 태양의
찬란함은 '자기로 돌아오게 하는' 서광(曙光)이다.

89. 인간의 고통은 내면과 외면의 고통으로 나뉜다. 나를 힘들
게 하고 고통스럽게 하는 신체적 아픔이 마음을 흔들리게 한
다. 더불어 정신적 괴로움으로 신체가 망가지기도 한다. 그럼
에도 불구하고 새로운 현상에 도전적이지 않으면 나의 정신과
육체는 변화에 굴복한다. 그래서 몸 안에 번지는 정신적·신체
적 독소를 제거하는 도구를 개발해야 한다. 정신적·육체적 독
소를 제거하는 데 유쾌한 광기가 얼마나 도움이 되는지 실험
해 보라. 유쾌한 광기는 자신 안에 축적된 독을 배설하는 능력
이다. 물론 유쾌한 광기는 살아 움직이는 나를 볼 수 있다. 우
리 앞에 놓인 쉽게 풀어 갈 수 없는 난관(難關)에 대해, 나를
단단하게 하는 보석이 숨겨져 있다. 그 보석이란 발견되지 않
으며 내가 찾아야 할 "나의 존재"이다. 그것이 인생에서 책임

을 갖고 찾아 나섬을 실천하는 명령이다.

그래서 외부적 고통이 나를 파괴할지라도 우리 상상의 그림을 넓게 그려 보자. 그러한 고통의 급습은 오히려 나를 굳건히 다지는 쓸모 있는 양식이다. 또한 지금 이 순간을 견디는 건 나를 살찌우는 밑거름이 될 기쁨이다. 보라! 꿈꾸게 하는 자가 얼마나 용감한 놈인지! 우리는 이미 알고 있지 않은가? 미래를 설계하지 못하는 자는 의미라는 것에 노출되기를 꺼려한다. 다만 군중 속에 안락함을 최고의 가치로만 알고 있을 뿐이다. 그에게 결국 돌아오는 건, 나를 버렸다는 기만적 술책에 대한 후회만 남는다. 그렇지만 우리가 절대로 놓치지 않아야 할 책임은 '여기 있음에서 왜 사는가?'란 질문을 포기하지 않는 사명감이다.

90. 우리는 이제 어디든지 떠나야 한다. 그리고 무(無)로 향한 연애를 시작해야 할 때이다. 나의 잃어버린 존재를 데려오는 방랑자로 떠나자. 기꺼이 외로움, 고독, 슬픔과도 친구가 되어야 한다. 허리를 곳곳이 펴고 앞으로 전진해야 한다. 모여 있는 곳에서 슬픔을 알고 흩어지는 곳에서 나와의 만남을 기약하자. 그러한 자만이 이 세계를 제대로 알았다고 할 수 있다. 이는 삶에 대한 책임이 무엇인지 아는 사람이다. 아울러 스스

로 '인간 공부'를 올바르게 탐구하는 자부심이다.

자기 내면의 사상은 누구에게도 쉽게 허락되지 않아야 한다. 이렇게 자기만의 성(城)이 유일함을 충분히 이용해야 한다. 자기를 곰곰이 생각한다는 것이 가장 소중하다. 그래서 나의 뇌를 차곡차곡 쌓아 가는 행위는 스스로를 흥분되게 한다. 충실하고 사랑스러운 상상의 세계에서 충분히 자유를 끌어내야 한다. 그것이 최고의 사유가 될 것이며 네오위버멘쉬를 장착하는 길이다. 명심하자! 사람의 역사는 사람으로 쓰여지는 역사일 뿐이다. 또한 나는 알 수 없는 신의 농간으로 작품화되지 않는다. 그렇게 우리의 역할은 지금 이 순간 주인공으로서 충실하다. 비록 내가 가진 주권적 역량이 최고가 아니더라도 상관없다.

우리에게 다가올 새로운 미래의 네오위버멘쉬는 자유로운 영혼을 하늘 위로 보내는 사람이다. 아울러 미리 가 본 죽음에 대한 새로운 탄생을 설계하는 자이다. 게다가 항상 기뻐하는 영혼을 장착하려는 진정한 고독의 승리자다. 아울러 너무나 인간적인 미완성의 유한적인 삶을 수용하려 한다. 더불어 자신의 깨달음을 기꺼이 나누고자 하는 인물이다. 물의 흐름이 무엇인지 알고 물이 뜻하는 순리를 받아들이는 살아 있는 영웅이다. 그는 세상에 대해 답을 애써 구하지 않을 것이다. 더불어 자연에 대한 순응적 삶을 실천한다. 이와 함께 인간이 자연과 동화(同化)되는 아름다운 결론을 획득할 것이다.

91. 우리의 살아 있음을 스스로에게 알리는 길은 자연으로의 복귀다. 우리는 원래 자유로운 유목민(遊牧民)이었다. 어떠한 제도적 장치가 필요 없는 풍요와 행복한 삶을 낳았다. 이렇게 존재의 물음과 그 존재를 데려오는 데 자연만큼 좋은 환경도 없다. 그곳이 산다는 것에 대한 올바른 실천적 행위다. 그러한 환경에서 당신은 반드시 자기로 살아진다. 우리는 영원한 생성과 소멸의 한가운데 서 있다. 그래서 네오위버멘쉬는 자연으로의 복귀가 얼마나 기쁨인지 아는 자이다. 느끼는가! 보았는가! 알겠는가! 스스로 움직이는 아름다운 세상을. 그야말로 자연은 놀라움 그 자체다. 또 우리가 자연과 함께 산다는 자체가 어길 수 없는 축복임을 찬양하자!

92. 나는 위버멘쉬와 네오위버멘쉬를 제외한 사람살이의 일반론을 고백한다. 우리는 흔히 '자기 극복의 과정'을 산다고 말한다. 이같이 인간이 이성을 가지고 살아가는 데는 극복해야 할 숙제가 많다. 이는 살아가는 데 달려드는 숙제에 대한 도전이다. 말하자면 반항하는 사유(思惟)를 말한다. 즉 현실에 놓인

현상에 대해 개념을 파악하고 구조화하는 나아감이다. 아울러 추론에 의한 올바른 판단을 요구받는다. 하지만 냉정하게 바라본다면 인간이 매 순간 최선의 이성적 작용을 응답받기는 힘들다. 이러한 과정에서 자기를 극복한다는 것은 가혹한 현실이다. 인간의 한계를 극복하는 과정은 지극히 제한적 과제 속에서 발휘되는 표현뿐이다. 우리에게 주어진 숙명적 한계선에서 자기를 극복하는 우연의 사건에만 의미가 있지 않겠는가? 그래서 한계가 분명히 존재한다는 사실을 인정한다면, 애써 나름의 고통의 과정을 해소시키는 방법도 될 일이다.

우리는 자기를 극복하는 사람의 위상을 찬양한다. 그러나 현실적 세상의 보편화를 살펴야 한다. 누구나 인정하는 보편화를 만들어 가는 과정이 있다. 이 과정에서 새로운 극복자는 자기 한계를 인식하는 자이다. 그것은 줄기차게 자기와의 대면에서 고통과 후회를 반복한다. 인간은 신의 존재를 의심하기 시작한 지 오래되었다. 나아가 스스로 신이 되고자 하는 과정에도 있다. 그러나 마음속 깊은 곳에서 질문을 받는다. 그것은 불완전성을 인식하는 자세이다. 따라서 불가지론자(不可知論者)로 자신과 살겠다고 선언해야 한다. 이제 우리는 스스로 신이 될 수 없음을 알았다. 신이 되지 않으면 되고 불완전함을 인정하면 된다. 그러나 이미 지금의 인간은 신을 넘어 인간이 신이 되고자 한다. 그래서 끊임없는 파괴와 새로움을 갈구한다. 이것이 인간이 추구하는 "신"이다. 다시 말하거니와 새롭게 창조하는 정신은 완벽한 구성에서 나오지 않는다. 궁극적으로 '자기 연민과 채찍'이 나를 살게 하는 내일이 될 수 있다는 슬픈 가정이다. 이렇게 세속적 인간을 고백했다.

93. 자유로운 정신의 확보는, 나를 어떠한 경우에도 구속시키지 않겠다는 다짐으로부터 시작된다. 아울러 허무감을 느끼지 않는 내적 강인함이다. 인생 역경의 순환은 당연한 삶의 일부이다. 이를 전부 극복하는 의무적 사고의 연속은 스스로를 쓰러지게 한다. 내가 한계를 인정하는 것은 무거운 힘으로 짓누르는 것에 대한 올바른 저항이다. 이 세상 모든 만물은 자기 생존방식과 힘을 동반한다. 이를 자연적 조건에서 나오는 생존 방식의 기초임을 우리는 알고 있다. 이와 함께 삶에 대한 방식이 어떻게 펼쳐지는가는 자신의 역량과 결부된다. 그리고 최대한 살아감에 대한 저항 능력을 키우는 일이다.

인간 실존은 '자신의 능력 상승에서 비롯된 삶의 질'만이 존재한다는 사실이다. 그래서 인간이 소유한 능력과 함께 그 능력을 실현하기 위한 의지의 발휘는 우리에게 주어진 의무와도 같다. 실제로 외부적 환경의 힘을 얻어, 내가 다룰 수 있는 삶

의 방식은 한계가 있다. 그것보다는, 자기 힘을 발산한다는 각
오와 함께 정당성을 빛내리라. 자신에게 자유롭다는 의미는
역량을 키워 나가는 가운데 이루는 삶이다. 반면 외부적 조력
에 대한 과도한 기대감은 스스로를 무너지게 하는 요인이다.
그러한 기대감에 의지한 인생은 나에게 도래하는 자유를 내던
지는 꼴이다. 다시 말하거니와 다시 일어설 수 있는 조건은 '나
의 역량'에서 비롯돼야 한다.

　네오위버멘쉬의 바람이 역경의 설산(雪山)을 오르는 과정일
수도 있다. 하지만 인간의 한계는 극복하는 지점에서 살짝 느
끼는 감정이 아니겠는가. 여기서 세상을 부드럽게 만질 수 있
는 자기만의 고집이 요구된다. 또한 다른 세상을 창조하는 위
대한 사람이 되기에 충분하다. 하지만 나에게 무엇 하나도 소
유한 것이 없다고 판단하는 두려움이 최악이다. 이러한 감성
적 위기감은 줄곧 인간을 나약하게 하였던 삶이었다. 반면 극
복하는 자는 자기의 한계점을 인식하는 자임에 분명하다. 그
러므로 네오위버멘쉬는 한계점을 넘어, 그 이상의 한계를 경
험하고 싶어 한다. 그와 같은 실천자는 자기를 알았다는 증거
이다. 자기를 인식하는 자는 철저히 실존적 가치에 부합하는
사람이다.

94. 그 시대의 적합한 인간 유형을 우리는 어떻게 탄생시키는가? 자연의 모든 만물은 있는 그대로이다. 아울러 인간의 본질도 자연적이다. 그 본질을 바탕으로 지금의 실존도 자연적이다. 이 시대의 거대 담론에서 자유로운 유목민이 되고자 하는 반항이다. 즉 이 시대를 질문하고 주체적 각성을 갖추는 자세이다.

95. 나는 주장한다. 자기 생존을 위해 할 수 있는 최고의 방어는 자신의 힘을 발휘하는 것이다. 자기 힘의 권력을 키우는 방법 외엔 그 무엇도 아니다. 그 힘을 유지하고자 하는 의지는 자기가 품는 의문에 대한 답변과 일치한다. 나에게 대단한 성취가 꼭 필요한 부분도 아니다. 다만 자기기만(欺瞞)에서 탈출하려는 힘이 필요하다. 이러한 의식만이 나의 살아감의 밑거름으로 작용된다. 말하거니와 자기를 속인다는 의미는 살아감에 대한 책임의 부재(不在)이다. 거창한 목표를 이루지 못하더라도 좋다. 살아감의 책임은 작은 실천을 속이지 않음으로써 나타나리라. 이러한 실천은 스스로 강해지는 밑거름을 마련한다. 더불어 죽음을 향한 소박한 진실은 나를 향한다. 그것이 살아감의 책임 완성이다.

인간에게 주어진 죽음은 태어남과 동시에 시작된다. 나를 유일하게 인식하는 인간 실존이다. 죽음이라는 명제 앞에 망각하는 일이 없도록 해야 한다. 우리는 죽음을 시시각각 생각하지 않기 때문에 영원성을 희망하는 어리석은 창조력을 개발했다. 그게 바로 헤아리기도 버거운 신들의 세상이었다. 신이 우리를 만들었는지, 아니면 우리가 신을 창조했는지는 잠시만 생각해도 명백하다. 그 이유는 당장 신을 호출할 수 있는 능력을 가진 자는 인간뿐이라는 사실이다. 지금까지 신을 호명하여 인간에게 경고했던 모든 행위의 주체는 인간이었다. 반면 신이라는 존재가 우리를 호출하여 심판을 하였던 적이 있는가? 단지 인간 스스로 정의하고 만들어 놓은 텍스트로 변환되었을 뿐이다. 그 증거로 인간은 상상하는 동물이라는 것이 정확한 근거다. 그래서 우리가 유일하게 알 수 있는 명백한 사실이 여기 있다. 나는 사람에게서 태어났다는 자연스러움이다. 사람의 아들과 딸로서, 이 세계를 여행하는 방랑자라는 사실이다. 우주의 모든 현상과 그에 따른 생성 소멸은 그냥 그러한 현상에 불과하다. 우리가 자연으로의 회귀를 바라는 마음과 같을 것이다. 우연과 필연을 말하지 않는 곳. 불완전함이 영원히 반복되는 이 세계. 따라서 이 거대한 우주 속에 인간의 완벽함이 존재하겠는가? 지구를 포함한 이 모든 것과 현상은 "그냥 그렇다."이다. 따져 보면 우리가 말하는 완벽함도 인간이 만들어 놓은 욕망의 일부 아니겠는가! 이제 우리가 어떻게 살아가야 하는지 명백하게 말하기 곤란하지만 외쳐 볼 수 있는 지점이다.

96. 여기까지 내가 밝혔던 인간의 궁극적 외침은 "자기 극복을 넘어선 나의 힘을 동반한 욕망하는 인간"이었다. 그리고 자연의 경이로움을 알고 나를 찾아 떠나는 네오위버멘쉬를 말했다. 인간은 자기 존재의 밝힘을 찾아 나서는 유일한 동물이다. 흔히 말하는 '자아실현'이다. 이는 부정할 수도 없으며 앞으로도 변하지 않을 것이다. 우리는 이미 오랜 역사적 시간 속에 우주의 먼지와도 같은 존재라 했다. 그러므로 인간이 살아가야 할 당위성은 여기에서 나온다. 내 자신에게 겸손하고 소박한 발상으로 단순해져야 하는 삶이다. 지금까지 인간이 추구한 가치의 척도는 인간 스스로가 이방인의 역할을 해 왔다. 또한 인간의 상상력과 욕망하는 학문적 결과는 가치를 만드는 데 집중되었다. 그로 인해 인간 스스로 그 가치에 소외되는 역설을 살고 있는 중이다. 강조하거니와 인간의 실존은 가치와 등치(等値)되지 않는 가운데 그 빛을 보게 될 것이다. 이로써 나의 존재를 가치라는 사슬로 묶어 두지 않는 실험을 시작한다. 아울러 내 주변의 모든 것에 대한 가치를 허물고 '있는 그

대로'를 응시한다. 이로써 인간이 추구하는 절대적 진리와 명백한 확신, 그리고 가치의 굴레로부터 해방이다.

자기 해방을 지향하는 네오위버멘쉬의 삶의 방향은 어느 누구하고도 비교되지 않는 '자기 자신이 되는 것'이다. 아울러 자신만의 시선으로 좋은 것을 추구하는 것이 네오위버멘쉬의 길이다. 또한 기꺼이 자기 몰락을 감수하고 일어서는 자이다. 이로써 그 자신으로 다시 태어난 사람만이, 이 세상을 똑바로 직시하는 시발점이다. 보라! 이제는 나에게 드리워진 흐린 그림자의 허상을 걷어치우고자 하는 '자유의지'가 생성되지 않는가? 이는 인간이 다듬어 놓은 역사적 흐름에 대한 고찰에서 발견된다. 내가 해방되는 자유의지의 고집이 얼마나 기쁘게 하는지 말이다. 자기 내면과의 대화 속에서 솟아나는 "나를 이끄는 의지 하나"로도 내가 이 세상을 살아가는 데 충분한 이유가 된다. 그 누구라도 인간 세계에서 '각자의 자기 세계'를 타인이 완벽하게 소유할 수 없다. 따라서 나의 욕망으로 행(行)하는 삶의 방식은 나에게로 '귀향'이다. 나를 데려오는 귀향은 그 자체로도 아름답고 소중한 자연의 질서이다.

자! 이제는 긴긴 항해의 깃발은 올라가고 나의 배는 그대로다. 거친 파도와 바람은 여행의 동반자일 뿐이다. 완벽한 항해는 있을 수 없다. 우리는 스스로 목적지를 향해 또는 목적 없는 유희를 즐길 참이다. 우리는 스스로 항해하는 선장과도 같다. 궁극적으로 나는 외로움과 함께할 것이다. 전체적으로 나의 살아감의 표현은 오롯이 내가 하는 결정으로 이루어진다. 실로, 홀로 건강하게 잘 지내는 고독한 방랑자다. 그러한 운명을 기쁘게 받아들이는 인간이 진정한 "네오위버멘쉬"로 탄생할 미래다. 그는 성인도 목자도, 더 나아가 위대한 인물도 아니다. 지금 이 순간에 "철저히 자기가 되고픈 욕망에 웃고 울고를 반복하는 사람"이다. 이제 나는 알게 되었다. 내가 내 자신으로 돼 가는 과정이 어떤 것인지. 위버멘쉬의 자기 극복을 넘어 새로운 위버멘쉬의 탄생은 이 세계의 모든 것은 신비함을 동반한 기쁨이라는 사실을 깨달은 것이리라. 궁극적으로 네오위버멘쉬는 새로운 창조적 선구자로서 무(無)에서 다름을 생산하는 개척자가 될 것이다. 다시 한번 강조하거니와, 네오위버멘쉬는 나를 비롯한 자연의 모든 것이 경이로움이라는 것을 아는 우리들 중의 누구나 될 수 있다. 이와 함께 스스로 귀향(歸鄕)하는 누구나이다. 귀향의 목적은 무(無)로 돌아간다는 것과 동시에 시작의 열림이다. 우리는 열려 있는 가능성에 대한'자기 책임'을 다하기 위해 살 것이다. 또한 우리 모두는 자연과 함께 "찾아 나섬의 살아감"을 실천하는 영웅으로 기억되리라.

나오며

우리는 자기의지와 무관하게 이 세상에 던져졌다. 이미 내가 태어나기 전, 살아감의 서판(書板)은 깔아져 있었다. 이러한 운명으로 우리는 이 세상을 그려 내며 살아간다. 또한 운명적으로 우리는 국가의 큰 틀과 사회적 틈바구니 안에 존재한다. 이러한 거대 담론에 의해 지금을 우리는 무의식적 따라감으로 살고 있는지 모른다. 설령 자기 자신이 그렇지 않다고 하더라도 말이다. 여기서 당신이 현재를 어떻게 살고 있는지 잠시만 생각해 보면 안다. 내가 나로 살고 있는지 아니면 거대한 흐름에 종속돼 있는지. 이 거대한 흐름에 길들여진 우리의 실존(實存)은 약화되었다. 지금을 사는 실존적 양심은 거대 담론을 거부하지 못하는 양상으로 굳혀졌다. 따라서 자기 밖의 세상을 두려워하게 되었다. 이어서 순한 양처럼 살아감이 최선이라 여기게 된다. 다만 이 세계 내에서만 의욕하고 살 뿐, 그 이상을 꿈꾸는 행위는 위험하다고 스스로 경고한다. 불행히도 이런 삶이 마치 우리의 운명인 것처럼 자리 잡게 되었다. 이처럼 시대가 우리에게 요구하는 충실한 무의식적 살아감이다.

이 시대를 살아가면서 방관하지 않아야 할 일은 주변에 많다. 그중에 살아감에 대한 질문은 나의 실존에 의존한다. 말하자면 지금을 질문해 보는 자세이다. 현 세계는 그 어느 때보다 과학의 진보로 문명과 문화가 발달되어 있다. 이와 함께 우리는 현재를 풍요롭게-편리함으로-살아가고 있다. 하지만 왠지 모르게 인간의 정신적 빈곤함이 가중된다고들 한다. 왜? 이러한 현상이 발생하고 있는지 굳이 거론하지 않더라도 두루 알 만한 사실이다. 흔히 애기하는 '풍요 속의 빈곤'이라는 의미가 여기에 속하지 않을까. 각자 현재를 살아가면서 부지불식(不知不息)간에 놓치고 있는 것이 있을 거다. 그것이 무엇인지 스스로에게 묻고 살아야 한다. 아울러 우리 삶이 전진하는 도약으로부터 경직되는 기이한 현상을 곰곰이 살펴보자는 뜻이다.

익명(匿名)성이 난무하는 대도시의 분주함. 이와 어울려 우리들의 소외감이 가중되는 현대사회의 분위기. 이러한 시대적 상황에서 과학과 문명의 발달로 인한 삶의 차가움으로부터 잠시 온기를 가져올 필요도 있다. 이를 바탕으로 내 자신을 오롯이 밝히는 장소를 찾아야 한다. 그곳에서 대중 속 익명성으로부터 잃어버린 자기 존재를 찾아야 한다. 말하자면 무(無)로부터 시작하는 자연으로의 회귀는 또 다른 '나'의 발견이다. 우리가 자연의 경이로움과 동화되는 삶을 추구한다면 세상은 다시 원래대로 자리 잡게 된다. 굳이 시간의 관념을 인식하지 않더라도 살아감은 그 자체로 살아감으로 남는다. 그러한 전제 조건이라 함이, 우리의 문명과 문화에서 탈출하고자 하는 의지로부터 싹튼다. 이러한 시도는 그동안 나를 구속시켰던 문명의 틀에서 자연으로의 복귀를 예고한다. 나에게 속임과 속임수를 남발하지 않는 환경으로의 '귀향'이다. 이는 곧 자기 자신으로의 복귀를 의미한다. 그곳은 궁극적으로 아무것도 존재하지 않는 무(無)로부터 시작이다. 이러한 없음을 경험하는 경이로움은 우리들을 다시 한번 살게 하는 역동성을 갖게 할 것이다. 우리가 살아감이 원래 없음으로부터 시작했다는 걸 안다면, 다시 한번 '또 다른 새로움과 가능성이 항상 열려 있는 존재'라는 사실이다. 우리는 그러한 희망찬 기대를 품으며 살아야 할 책임지는 존재이다. 따라서 자신이 표현하는 삶의 방식에서 궁극의 정점을 발견하는 것이 중요하다.

*****

살아감의 중간중간 예기치 않은 변수는-우울증을 동반한 삶의 변화 등-많다. 그중 가장 비중이 높다 할 부분이 기분에 따른 우울이라 하겠다. 그 이유는 우리는 현재와 미래를 불안과 염려하는 방식으로 살아가기 때문이다. 아울러 충족되지 않는 욕망으로 끊임없이 생각을 이어 나가며 고달픈 인생을 살고 있다. 게다가 이러한 살아감에서 일어나는 고통은 피할 수 없다. 한 가지 방법을 제시한다면 우리 앞에 놓인 삶의 방해꾼을 불러오기다. 예를 들면, 나의 죽음, 미래의 불안 등을 불러오는 거다. 이러한 문제는 실체적 삶과 밀접한 관계를 맺고 있다. 거부할 수 없는 우리들의 감정에 영향을 미치는 소화불량이다. 이러한 문제를 해결하지 않고선 다른 일에 집중할 수 없다는 결론이 나온다. 따라서 살면서 마주하는 이러한 염려에 대한 결단을 내리고 살아야 한다. 그 이유는 유쾌한 삶을 위한 전제 조건의 충족을 마련하는 일이다. 즉 나의 기분을 위한 마음속 정리를 하자는 뜻이다.

　말하자면 나의 실천적 과제로 미리 가 본 죽음에 대한 받아들임이다. 그에 따른 없음의 통찰을 깨달은 바이다. 미리 가 본 죽음에는 아무것도 남아 있지 않을 우리들이다. 이와 적극적으로 대면하고 이를 유쾌한 받아들임으로 설정하고 사는 일이라 생각한다. 미래의 불안과 맞장 뜨는 당당함이다. 앞서 밝혔듯, 우리 인간의 오랜 본능은 자연과 함께하는 유목민적 삶

239

이 최고의 행복이었다. 우리가 바라는 그러한 삶으로의 회귀는 어쩌면 당연한 일인지도 모른다. 이러한 회귀는 인간이 가장 찬란하게 빛나는 살아감의 원초적 귀향이다. 제안하건대, 설령 꿈일지라도 자연으로의 복귀를 상상하면서 '나만의 꿈 동산'을 만들어 가자. 이러한 상상은 자기 존재를 가장 잘 드러내게 하는 최고의 지름길이다. 또 우리 앞에 놓인 삶의 방해꾼- 허영, 억압, 자본, 끝없는 욕망, 외로움, 인정 욕구, 죽음 등-과 헤어질 결심이다. 다가올 먼 훗날 당신이 어느 고향에 가더라도 그곳이 당신 스스로를 데려오는 "존재를 밝히는 장소"가 되기를 간절히 응원한다.